外企劳动争议解决与法律风险防范

王彬 著

北京大学出版社

图书在版编目（CIP）数据

外企劳动争议解决与法律风险防范/王彬著. —北京：北京大学出版社，2019.4

ISBN 978-7-301-30394-8

Ⅰ.①外… Ⅱ.①王… Ⅲ.①外资公司—劳动争议—处理—中国 ②劳动法—基本知识—中国 Ⅳ.①D922.591.5 ②D922.504

中国版本图书馆 CIP 数据核字（2019）第 041641 号

书　　　名	外企劳动争议解决与法律风险防范 WAIQI LAODONG ZHENGYI JIEJUE YU FALÜ FENGXIAN FANGFAN
著作责任者	王　彬　著
责任编辑	朱梅全
标准书号	ISBN 978-7-301-30394-8
出版发行	北京大学出版社
地　　　址	北京市海淀区成府路 205 号　100871
网　　　址	http://www.pup.cn　新浪微博 @北京大学出版社
电子信箱	sdyy_2005@126.com
电　　　话	邮购部 010-62752015　发行部 010-62750672 编辑部 021-62071998
印　刷　者	北京溢漾印刷有限公司
经　销　者	新华书店
	730 毫米×980 毫米　16 开本　14.5 印张　155 千字 2019 年 4 月第 1 版　2019 年 4 月第 1 次印刷
定　　　价	49.00 元

未经许可，不得以任何方式复制或抄袭本书之部分或全部内容。
版权所有，侵权必究
举报电话：010-62752024　电子信箱：fd@pup.pku.edu.cn
图书如有印装质量问题，请与出版部联系，电话：010-62756370

············CONTENTS············目 录

绪　论 / 001

第一篇　实证篇：外企劳动争议解决实证调查（以上海为例）

第一章　概述 / 005

第一节　上海外企现状 / 005

第二节　上海劳资关系的特点 / 008

第二章　上海外企2015—2017年劳动争议案件比较研究 / 012

第一节　劳动争议案件研究样本的选取 / 012

第二节　2015—2017年外企在上海劳动争议案件中的诉讼地位分析 / 014

第三节　2015—2017年上海劳动争议裁判结果分析（以外企胜诉败诉为视角）/ 017

第四节　2015—2017年劳动争议案件的特点 / 020

第三章 2017 年上海外企劳动争议一审案件实证分析 / 027

第一节 2017 年上海外企劳动争议一审案件中外企诉讼地位分析 / 028

第二节 2017 年上海外企劳动争议一审案件中外企来源地分析 / 032

第三节 2017 年上海外企劳动争议一审案件中劳动争议类型分析 / 037

第四节 2017 年上海外企劳动争议一审案件中裁定类型分析 / 043

第五节 2017 年上海外企劳动争议一审案件中判决结果分析 / 047

第四章 劳动争议案件中外企败诉的原因分析及应对策略 / 057

第一节 劳动争议案件中外企败诉的原因分析 / 057

第二节 外企应对劳动争议案件的策略 / 062

第二篇 实务篇：外企劳动争议法律风险防范及典型案例分析

第一章 确认劳动关系纠纷法律风险防范及典型案例分析 / 069

第一节 确认劳动关系纠纷概述 / 069

第二节 确认劳动关系纠纷的法律风险防范要点及典型案例分析 / 071

目 录

第二章 劳动合同纠纷法律风险防范及典型案例分析 / 080

第一节 劳动合同纠纷概述 / 080

第二节 劳动合同纠纷的法律风险防范要点及典型案例分析 / 086

第三章 竞业限制纠纷法律风险防范及典型案例分析 / 123

第一节 竞业限制纠纷概述 / 123

第二节 竞业限制纠纷法律风险防范要点及典型案例分析 / 126

第四章 经济补偿金/赔偿金纠纷法律风险防范及典型案例分析 / 142

第一节 经济补偿金/赔偿金纠纷概述 / 142

第二节 经济补偿金/赔偿金纠纷法律风险防范要点及典型案例分析 / 143

第五章 恢复劳动关系纠纷法律风险防范及典型案例分析 / 149

第一节 恢复劳动关系纠纷概述 / 149

第二节 恢复劳动关系纠纷法律风险防范要点及典型案例分析 / 151

第六章 追索劳动报酬纠纷法律风险防范及典型案例分析 / 163

第一节 追索劳动报酬纠纷概述 / 163

第二节 追索劳动报酬纠纷法律风险防范要点及典型

案例分析 / 164

第七章 劳务派遣纠纷法律风险防范及典型案例

分析 / 177

第一节 劳务派遣纠纷概述 / 177

第二节 劳务派遣纠纷法律风险防范要点及典型案例

分析 / 179

第八章 社会保险纠纷法律风险防范及典型案例

分析 / 192

第一节 社会保险纠纷概述 / 192

第二节 社会保险纠纷法律风险防范要点及典型案例

分析 / 193

第九章 外国人就业劳动纠纷法律风险防范及典型

案例分析 / 210

第一节 外国人就业劳动纠纷概述 / 210

第二节 外国人就业劳动纠纷法律风险防范要点及

典型案例分析 / 213

附录 课题组成员信息 / 221

后 记 / 224

绪 论

习近平总书记指出,努力构建中国特色和谐劳动关系,是坚持中国特色社会主义道路、贯彻中国特色社会主义理论体系、完善中国特色社会主义制度的重要组成部分,其经济、政治和社会意义十分重大而深远。和谐的员工管理关系和劳动关系对于企业的经济发展与社会和谐至关重要。

《劳动合同法》和《劳动争议调解仲裁法》颁布实施至今已超过十年,实践中劳动争议出现了许多全新的情况和问题。作为占中国经济发展重要组成部分的外商投资企业,因其本身的特点和中国国情的特殊性,在员工管理关系上普遍存在着诸多问题。随着员工维权意识的提高,企业也不得不面对频繁发生的劳动争议仲裁和诉讼。如何避免发生劳动争议,同时如果发生劳动争议仲裁与诉讼,如何尽可能维护企业的利益,也成为外商投资企业人力资源部门不得不面对和思考的问题。

为构建和谐的员工管理关系,尽可能避免发生劳动争议与诉讼,外商投资企业人力资源管理部门必须了解目前劳动争议的特点、成因以及法院的审理思路。为此,上海交通大学凯原法学院和上海乐叶人力资源有限公司于2018年6月22日联合发布了国内首个外商投资企业劳动争议诉讼情况的蓝皮书，旨在充分挖掘和释放劳动争议诉讼大数据资源的潜能，全面分析近年来，尤其是2017年上海市外商投资企业劳动争议诉讼情况，从中挖掘可资外商投资企业人力资源管理部门借鉴的经验，从而为构建和谐的企业员工关系提供参考范本。

本书是在该蓝皮书的基础上修改完善而成。本书共分两篇：第一篇是上海外商投资企业劳动争议的实证调查，主要研究方法是实证分析。具体内容包括两个部分：其一是对2015—2017年上海外商投资企业劳动争议案件进行比较分析，从外商投资企业在诉讼中的诉讼地位、劳动争议的裁判结果等角度进行年度比较分析，力争从中总结出近年来外商投资企业劳动争议案件的特点；其二是以2017年为基准，利用威科先行法律数据库（https：//law.wkinfo.com.cn）搜集到2017年所有的一审劳动案件，从中剥离出所有涉案用人单位为外商投资企业的纠纷进行分析，以在研究中兼顾时间广度和样本收集的完整性。在对2017年上海外商投资企业劳动争议案件进行实证研究，尤其是对外商投资企业案件胜诉败诉率分析的基础上，本书总结出外商投资企业在劳动争议案件中败诉的原因并提出相应的应对建议。第二篇是典型案例分析。该部分将外商投资企业劳动争议的类型分为确认劳动关系纠纷、劳动合同纠纷、竞业限制纠纷、经济补偿金/赔偿金纠纷、恢复劳动关系纠纷、追索劳动报酬纠纷、劳务派遣纠纷、社会保险纠纷以及外国人就业劳动纠纷。对于每一类型的劳动争议纠纷，我们选取了上海、北京、广东、江苏、浙江等地有代表性的案例展开分析，归纳出外商投资企业在面对劳动争议案件时的应对策略。

第一篇

实证篇：外企劳动争议解决实证调查（以上海为例）

第一章

概述

第一节 上海外企现状

上海作为中国引进外资的排头兵,长久以来吸引了众多外商投资企业。根据国家统计局的数据,2012年以来,上海市注册的外商投资企业和投资总额逐年增多,保持着稳定的增幅。2012年上海外商投资企业数为61461户,投资总额为4137.68亿美元;2013年上海外商投资企业数为64412户,投资总额为4579.33亿美元;2014年上海外商投资企业数为68952户,投资总额为5304.67亿美元;2015年上海外商投资企业数为74885户,投资总额为6612.73亿美元;2016年上海外商投资企业数为79410户,投资总额为

7342.46亿美元（见图1-1-1）;① 2017年上海新设立外商投资企业8020户，仅固定资产投资额就高达1010.74亿美元。②

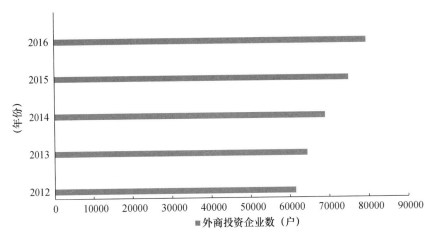

图1-1-1 上海市外商投资企业数（户）

上海市统计局的数据显示，2017年上半年上海外商直接投资合同金额182.10亿美元，比上年同期下降47.1%，受2016年同期合同金额高基数的影响，增速创2010年以来同期的新低；上半年实到外资金额80.55亿美元，比上年同期下降7.1%。③ 2017年12月，上海市签订外商直接投资合同项目196个，比2016年12月下降80.5%；签订合同金额28.36亿美元，同比下降6.8%；实际到

---

① 数据来源：http://data.stats.gov.cn/adv.htm?cn=C01，2018年10月15日访问。

② 数据来源：上海市统计局《2017年上海市国民经济和社会发展统计公报》，http://www.stats-sh.gov.cn/html/sjfb/201803/1001690.html，2018年10月15日访问。

③ 参见徐蒙、张煜：《上海：从外资"量变"看引资"质变"》，载《中国外资》2017年第9期。

位金额13.77亿美元,同比下降13.3%。①

根据上海市统计局的数据,2018年1月,上海市签订外商独资合同项目258个,吸收合同金额31.15亿美元,比2017年1月增长12.7%,合同金额占全市外商直接投资合同总额的91.8%,比重比2017年1月提高0.5个百分点;签订中外合资合同项目74个,吸收合同金额2.63亿美元,比2017年1月增长51.7%。②2018年2月,外商直接投资合同项目263个,比2017年2月增长130.7%,外商投资实际到位金额14.88亿美元。③

由此可见,上海始终是外商投资企业的"兵家必争之地"。人才,是上海吸引跨国公司的一大魅力,也是它们重点关注的问题。欧洲企业普遍认为,在专利权的执行和保护能力方面,上海已经是中国范围内做得最好的城市。但是,上海在国际化高标准营商环境建设方面仍有大量改进空间,比如和亚太地区其他中心城市相比,上海在知识产权、开放领域、人才引进政策等方面还存在着一定的差距。④ 截至2016年年底,根据上海投资官方网站,上海外商投资企业吸纳就业人数约298.27万人,劳资关系成为上

---

① 数据来源:上海市统计局《12月份本市外商直接投资情况》,http://www.stats-sh.gov.cn/html/sjfb/201801/1001508.html,2018年10月15日访问。
② 数据来源:上海市统计局《1月份本市外商直接投资情况》,http://www.stats-sh.gov.cn/html/sjfb/201803/1001656.html,2018年10月15日访问。
③ 数据来源:上海市统计局《2月份本市外商直接投资情况》,http://www.stats-sh.gov.cn/html/sjfb/201803/1001735.html,2018年10月15日访问。
④ 参见徐蒙、张煜:《上海:从外资"量变"看引资"质变"》,载《中国外资》2017年第9期。

海外商投资企业关注的重点。①

实践中，因为外商投资企业本身的特点和中国国情的特殊性，外商投资企业劳资关系存在诸多问题，劳资冲突、集体诉讼屡见不鲜。

第二节 上海劳资关系的特点

随着中国法制的不断健全，特别是《劳动合同法》及其配套法律法规的公布实施，以及劳动者维权意识的不断增强，外商投资企业越来越多地面对增强劳动者保护力度、提高劳动者待遇的压力，其不得不更加重视劳动用工的合规性问题。总的来说，外商投资企业的劳资关系主要有以下几个方面的特点：

1. 劳动合同签署较为格式化，但仍存在问题

随着就业形式的多样化及劳动力的流动性增强，外商投资企业的劳动合同呈现短期化特点。目前，劳动力市场上供大于求，用人单位不愿意承担长期用工的成本，多采取短期合同以期保持在用工市场上的灵活性和主动权。有些外商投资企业甚至会采用一些手段规避与员工签署无固定期限的劳动合同，造成劳资纠纷。

另外，由于外商投资企业经过了在本国的长期发展，其劳动合

---

① 数据来源：《2016年上海外资企业百强名单》，http://www.investment.gov.cn/zaihutzdongtai/20171109/58572.html，2018年10月15日访问。

同条款已经很大程度上成为格式化的合同模板，有些条款在中国的《劳动合同法》下并不适用。这种模板化的劳动合同存在很多定量条款，缺乏定性条款，对劳动者施加诸多义务约束，而对用人单位的义务及应提供的福利语焉不详、规定不清。

2. 劳务派遣用工较多

由于在劳务派遣用工模式下，外商投资企业与劳动者并不存在直接的劳动合同关系，企业可以依照其生产经营需要与劳务派遣单位进行协商，随意增减派员，有利于增强其用工的灵活性。同时，企业可以将招聘、劳动合同管理、社保缴纳等事项交由劳务派遣单位处理，从而降低用工成本。因此，外商投资企业倾向于使用劳务派遣方式。由于外商投资企业与劳动者之间不存在直接的劳动关系，两者之间的法律关系不受《劳动合同法》的调节和约束，外商投资企业不必直接面对劳动者，一定程度上减少了需要直接解决劳动纠纷的麻烦。

然而，实践中出现了很多外商投资企业滥用劳务派遣的情况，甚至在许多不应当适用劳务派遣的情况下也适用了劳务派遣，以规避和劳动者签订劳动合同。另外，劳务派遣的过度使用容易导致同工不同酬、社保缴纳不及时等侵犯劳动者合法权益情况的发生，而作为用工单位的外商投资企业与劳务派遣单位之间会就劳动者权益问题进行扯皮，劳动者的合法权益得不到保证，劳务派遣成为外商投资企业逃避责任的"挡箭牌"。

3. 工会组织难以发挥作用

在中国的外商投资企业中，大多没有建立工会组织或者工会组织难以发挥作用。首先，外商投资企业对中国特色的工会组织认识不足，很容易产生抵触心理；其次，外商投资企业大量使用劳务派遣方式和签订短期劳动合同，导致企业人员流动性强，集体凝聚力差，很多劳动者没有意识到可以利用工会组织来维护自身权益。

同时，由于地方政府招商引资的需要，一些地方为了不影响外商投资的积极性，并不要求外商投资企业必须建立工会。此外，在建立了工会组织的外商投资企业中，大部分工会干部也是由企业工作人员兼任，在劳资谈判中容易被掣肘，很难真正保护劳动者的权益。

4. 文化差异导致劳资关系纠纷差异

雇佣习惯和处理劳资关系的方法同各国雇主的企业文化有关。从管理方情况看，雇主的雇佣习惯差异明显。由于外商投资企业的雇主及其经营者来自不同国度，因而在处理劳资关系的方法上也各有差别。例如，欧美式雇佣模式注重"法治"管理，实行严格的监督管理，即通过各种制度，使企业内部管理规范化。日本式雇佣模式则倡导"以厂为家"。在中日合资企业里，一方面有严格的管理，企业对员工的要求近乎苛刻，厂纪厂规十分严厉，甚至动辄体罚；另一方面，企业又很注意培植"大家庭"的和谐氛围，要求员工具有"爱社精神"以及对企业的认同感和归属感。[①]多样的外商投资企业及多样的企业用工文化催生了不同的劳资关系及劳资矛盾，成

[①] 参见蔡红：《外资企业劳动关系调整》，载《企业文明》2008年第7期，第37页。

为上海外商投资企业在发展过程中不可忽视的重点。

本书立足于实证分析,对当前上海外商投资企业劳资关系进行探讨,希望能对促进外商投资企业劳资关系和谐发展有所帮助。本书首先就上海在2015—2017年涉及外商投资企业的劳动争议案件进行抽样,从抽样的七百多个案件中试图总结出外商投资企业劳动争议案件发生的特点;其次,以2017年为基准,利用威科先行法律数据库搜集到2017年所有的一审劳动案件,从中剥离出所有涉案用人单位为外商投资企业的纠纷进行分析,以在研究中兼顾时间广度和样本收集的完整性。

第二章

上海外企2015—2017年劳动争议案件比较研究

第一节 劳动争议案件研究样本的选取

通过在最高人民法院的中国裁判文书网搜索2015—2017年的劳动争议案件，再经国家企业信用信息公示系统（http://www.gsxt.gov.cn）查询涉案的用工主体的身份，本书筛选出涉案主体为外商投资企业的劳动争议案件，分别就这三年的劳动争议案件进行了抽样研究。为了使研究样本具有代表性和准确性，我们分别就一审案件和二审案件进行了抽样，在分析中既包含了同审级内的比较，也包含了一审和二审之间结果的比较分析。

表 1-2-1

	确认劳动关系纠纷	劳动合同纠纷	经济补偿金/赔偿金纠纷	劳务派遣纠纷	追索劳动报酬纠纷	竞业限制纠纷	社保纠纷	其他纠纷
三年	4%（22）	9%（62）	56%（405）	4%（29）	21%（153）	2%（16）	3%（21）	1%（7）
2015（340）	1%（5）	10%（34）	50%（169）	4%（15）	27%（92）	3%（9）	3%（9）	2%（7）
2016（180）	3%（6）	8%（15）	61%（109）	5%（9）	15%（27）	2%（3）	6%（11）	0
2017（201）	8%（17）	6%（13）	64%（127）	2%（5）	17%（34）	2%（4）	1%（1）	0

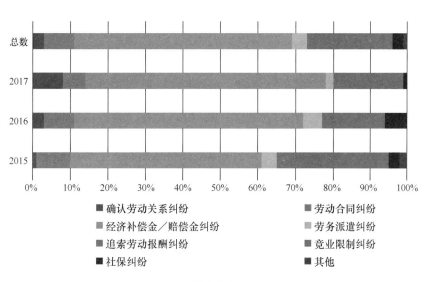

图 1-2-1

本书搜集整理了上海在2015—2017年有关外企劳动争议的721个案例，并将劳动争议按照法院民事案由分类归类为确认劳动关系纠纷、劳动合同纠纷、经济补偿金/赔偿金纠纷、劳务派遣纠纷、追索劳动报酬纠纷、竞业限制纠纷、社保纠纷及其他纠纷几种类型，同时进一步对案例进行了分类统计，得到表1-2-1、图1-2-1。

第二节　2015—2017年外企在上海劳动争议案件中的诉讼地位分析

1. 外企在劳动争议案件中的被动角色较多

从表1-2-2可知，2015—2017年，外企在一审中做被告和在二审中做被上诉人，分别占比64%和63%，外企在劳动争议中往往是充当被告或者被上诉人的角色。可见，劳动者作为劳动关系中比较弱势的一方，通常会比用人单位更加积极地通过法律手段来维护自身的合法权益。虽然我们没有调查劳动争议仲裁案件发起人中劳动者的占比，但从一审和二审案件中劳动者的占比来分析，外企劳动争议案件呈现一个显著的特点，即普遍存在劳动者缠诉现象。其实劳动者缠诉现象的出现不难理解，因为中国的司法体系倾向于保护劳动者，并且从整个纠纷解决过程看，劳动者所付出的成本也比较低。但是，对于用人单位而言，若发生劳动者缠诉现象，就意味着有更多人力、物力、财力的消耗，一个很普通的争议案件可能会产生恶劣的连锁反应。[①]

[①] 参见仇少明：《劳动争议审判大数据应用指南："后劳动法时代"HR必备》，中国法制出版社2016年版，第2页。

表 1-2-2

	一审		二审	
	做原告	做被告	做上诉人	做被上诉人
2015	40	63（61%）	99	138（58%）
2016	28	56（67%）	30	66（68%）
2017	17	32（65%）	54	98（64%）
总计	85	151（64%）	183	302（63%）

2. 劳务派遣纠纷中劳动关系复杂化，外企更易成为被告

具体到每一种劳动争议来看，外企作为被告或被上诉人占比最高的劳动争议类型的前三位分别是：劳务派遣纠纷、确认劳动关系纠纷及劳动合同纠纷。在劳务派遣纠纷中，88%的案件中外企都是被告或被上诉人，在2016年与2017年，外企作为被告或被上诉人的案件更是占到了100%。劳务派遣通常会涉及用人单位、用工单位以及劳动者三方的劳动关系，用人单位及用工单位之间容易出现权责划分不清，相互推诿责任的情况，进而导致劳动者只能选择通过诉讼来找到承担责任的单位，因此很少发生由单位作为原告提起的诉讼。

3. 经济补偿金/赔偿金纠纷中双方都倾向于通过诉讼解决纠纷

在劳动争议中案件量最庞大的经济补偿金/赔偿金纠纷，外企作为被告或被上诉人的案件数占比反而不高，为58%，成为所有劳动争议中比例最低的争议类型。由此可见，在实践中对于经济补偿金或赔偿金的数额以及是否应该支付的问题，企业和劳动者的分歧较大，最终都倾向于积极采取法律手段，走诉讼程序。企业通常认

表 1-2-3

	确认劳动关系纠纷		劳动合同纠纷		经济补偿金/赔偿金纠纷		劳务派遣纠纷		追索劳动报酬纠纷		竞业限制纠纷		社保纠纷		其他纠纷	
	原告/上诉人	被告/被上诉人	原告/上诉人	被告/被上诉人	原告/上诉人	被告/被上诉人	原告/上诉人	被告/被上诉人	原告/上诉人	被告/被上诉人	原告/上诉人	被告/被上诉人	原告/上诉人	被告/被上诉人	原告/上诉人	被告/被上诉人
2015	0	5	13	21	74	95	12	3	28	64	3	6	4	5	5	2
2016	2	4	2	13	41	68	0	9	7	20	2	1	4	7	0	0
2017	4	13	5	8	52	75	0	5	10	24	0	4	0	1	0	0
总计	6	22 (79%)	20	42 (68%)	167	238 (59%)	12	17 (59%)	45	108 (71%)	5	11 (69%)	8	13 (62%)	5	2 (29%)

为自己解除劳动合同是于法有据,或是认为解除劳动关系更多的责任在于劳动者严重违反了企业的劳动纪律,违反了职业道德或忠诚义务,企业解除劳动合同并无不妥,诉求不予支付劳动者经济补偿金或赔偿金。而劳动者通常认为企业是违法解除劳动合同,侵犯了自己的合法权益。另外,在外企的特定环境下,薪资水平较高,意味着经济补偿金或赔偿金数额不低,因此双方很难通过协商解决这一问题。

第三节 2015—2017年上海劳动争议裁判结果分析(以外企胜诉败诉为视角)

从表1-2-4可知,2015—2017年上海外企劳动争议案件中,在一审程序中外企三年的平均胜诉率为50%,二审为62%。由此可见,上海外企在劳动争议案件中一审的胜诉率与劳动者之间是不相上下的。

表1-2-4

	一审		二审	
	胜诉	败诉	胜诉	败诉
2015	33	70	139	98
2016	51	33	62	34
2017	34	15	100	52
总计	118(50%)	118	301(62%)	184

表 1-2-5

	确认劳动关系纠纷		劳动合同纠纷		经济补偿金/赔偿金纠纷		劳务派遣纠纷		追索劳动报酬纠纷		竞业限制纠纷		社保纠纷		其他纠纷	
	胜诉	败诉	胜诉	败诉	胜诉	败诉	胜诉	败诉	胜诉	败诉	胜诉	败诉	胜诉	败诉	胜诉	败诉
2015—2017年	19	6	48	12	232	178	14	15	81	72	9	7	12	9	4	3
胜诉率	76%		80%		56%		48%		52%		56%		57%		57%	

第二章
上海外企2015—2017年劳动争议案件比较研究

1. 二审中外企的胜诉率明显高过劳动者

结合之前的分析，外企在二审中作为被上诉人的角色占比颇高，笔者认为这跟外企一般比较能理性面对判决结果有关。相较之下，外企对一审判决的认可程度比较高，也并不想将过多的精力投放在诉讼上，企业始终是想将自己的效益最大化，对于单件数额或影响较小的劳动争议案件一般是大事化小、小事化了的态度，如果企业一直处于诉讼中，会造成大量时间及人力成本的浪费。

而劳动者通常是不太能理智面对判决结果，服判息诉率低，一般情况下一审如果败诉，自己的诉求没有达到，就很可能选择上诉进入二审。然而，在审判实践中，对于劳动争议这类案情并不非常复杂的案件，一审在事实认定上通常不会出现重大偏差，因此劳动者上诉后最终能得到法院支持的情况较少，二审改判的可能性较低，这就导致了劳动者在二审中的高败诉率。另外，部分劳动者滥用诉讼权利，不合理地提出多项诉讼请求并抬高请求数额，这不仅造成劳动争议仲裁委员会、法院调解困难，也导致劳动者完全胜诉的比例相对偏低。

2. 劳务派遣纠纷中，外企的过错概率较大

在2015—2017年的劳动争议案件诉讼中，总体上外企的胜诉率是超过劳动者的，唯独劳务派遣纠纷中，出现了外企胜诉率低于劳动者的现象。这说明在这一类案件中，外企实施过错行为的概率比较大。劳务派遣岗位多为普通劳务岗位，如保安、保洁员、快递员、驾驶员、营业员、服务员、一线工人等，对从业人员的知识和学历要求不高，从业人员以城市外来劳动力、企业下岗分流人员为

主，这类人群在面对外企时处于比较弱势的地位，其合法权益也是比较容易受到侵犯的。因此，对于被派遣劳动人员的保护，外企应当加以重视。

3. 外企在与劳动者签订劳动合同方面做得比较规范

从表1-2-5可知，外企在关于劳动合同纠纷的案件中，胜诉率高达80%。从搜集到的案例来看，外企通常能按照中国现行法律法规，与本单位劳动者签订固定或不固定期限劳动合同。但是，在履行劳动合同的过程中，常有劳动者违反单位规章制度、劳动纪律的情况发生，一旦外企因此而解除劳动关系，那么双方就很容易产生纠纷，但往往进入到诉讼中，劳动者缺乏依据，难以得到法院的支持。

第四节 2015—2017年劳动争议案件的特点

1. 劳动争议诉由较为集中

从表1-2-3可知，2015—2017年有关经济补偿金/赔偿金的纠纷有405个，占所有劳动争议的56%，并且在三年中都分别占比最大，2017年占比更高达63%。因此，经济补偿金/赔偿金问题是上海外企劳动争议中最突出和最容易引起用人单位和员工之间进入诉讼程序的问题。紧随其后的是追索劳动报酬纠纷。

（1）经济补偿金/赔偿金纠纷

具体到案件中，一般引起经济补偿金/赔偿金的纠纷大多属于对用人单位是不是违法解除劳动合同的争议。如 2015 年某电器销售有限公司诉孙某劳动合同纠纷案①。

在本案中,孙某因左足第一跖骨骨折自 2014 年 9 月 3 日起向某电器销售有限公司请病假,并提交了病假单,某电器销售有限公司却于 2014 年 11 月 1 日以公司不同意孙某的病假申请为由解除了双方的劳动关系。孙某认为公司违法解除劳动关系,遂诉请公司支付其经济赔偿金。

某电器销售有限公司在一审败诉后上诉至二审法院,二审法院认为某电器销售有限公司是在明知孙某处于医疗期的情况下仍解除了双方的劳动关系。即使如某电器销售有限公司所述,孙某 2014 年 9 月 30 日后未能及时提交病假单,某电器销售有限公司在明知孙某之前系因骨折请病假的情况下,根据孙某的病情,应当考虑到孙某尚未痊愈继续请病假的可能性,并可通过询问、催告等方式了解孙某未继续提交病假单的原因后,再判断孙某是否属于无正当理由缺勤的情形,但某电器销售有限公司未作出相应行为。根据某电器销售有限公司的自述,公司于 2014 年 10 月 27 日收到了孙某 2014 年 9 月 30 日之后的病假单,那么至少自该日起,公司已知晓孙某仍处于医疗期内,但公司却于 2014 年 11 月 1 日以公司不同意孙某的病假申请为由解除了双方的劳动关系,且并未说明不同意孙某请病假的理由,其解除行为明显欠妥。原审法院认定某电器销售有限公司构成违法解除,应承担违法解除的赔偿责任,并无不当。

---

① 参见(2015)沪一中民三(民)终字第 727 号民事判决书。

由此某电器销售有限公司在二审中再次败诉。

劳动关系关乎劳动者的切身利益,因此劳动者对于解除劳动关系往往是不认可的,而用人单位解除与劳动者之间的劳动关系的做法往往存在诸多问题,所以劳动关系的解除通常会引起双方的争议。由于用人单位单方解除劳动合同会直接影响劳动者的基本生活,因而为了避免用人单位滥用单方解除权,《劳动合同法》和《最高人民法院关于审理劳动争议案件适用法律若干问题的解释(四)》(法释〔2013〕4号)对用人单位解除劳动合同的情形和程序都作出了明确规定,用人单位在行使单方解除权的时候应当审慎注意。此外,从纵向对比看,2015—2017年其占比更呈上升的趋势,说明该问题并没有得到很好的解决,而是越发突出。

(2) 追索劳动报酬纠纷

从表1-2-3可知,2015—2017年有关追索劳动报酬的纠纷共有153个,三年占比21%,可见上海外企在劳动合同的履行方面做得有所欠缺,容易引起纠纷。通常出现的问题是用人单位工资标准和工资构成不明,劳动者在加班工资、休假工资、奖金、津贴方面常常与用人单位产生分歧。如某电梯公司与王某追索劳动报酬纠纷案[①]。

在本案中,某电梯公司于2015年11月30日解除了与在某电梯公司杨浦区五角场维保点工作的王某的劳动合同。2016年1月6日,王某向上海市劳动人事争议仲裁委员会申请仲裁,主张恢复劳

[①] 参见(2017)沪02民终2693号民事判决书。

动关系。2016年3月11日，该仲裁委员会经审理后确认王某与某电梯公司的劳动关系自2015年12月1日起恢复。2016年3月17日，某电梯公司安排王某至上海嘉定区安亭镇的工作点工作，并向王某发送了上班通知。2016年3月30日，王某以邮政快递方式向某电梯公司寄送书面回复信函，提出某电梯公司安排其至嘉定区安亭镇上班路途过于遥远，无法照顾家庭。某电梯公司收到上述信函后，直至2016年11月25日再次向王某发送上班通知，仍然要求王某至嘉定区安亭镇维保点工作。王某收到该份上班通知后，再次向某电梯公司寄送回复信函，提出无法接受某电梯公司不合理的工作安排，希望与某电梯公司继续商谈。2016年5月9日，王某向上海市劳动人事争议仲裁委员会申请仲裁，要求某电梯公司支付工资、年终奖、医疗费、购物卡等。2016年7月7日，仲裁委作出裁决，对王某的请求事项不予支持。王某不服该裁决，遂诉至一审法院。

经过审理，一审法院判决某电梯公司应支付王某2016年3月12日至2016年7月7日期间工资9436元及2015年年终奖4694.60元。某电梯公司表示不服，上诉至二审法院。二审法院认为，在生效法律文书确认双方恢复劳动关系后，某电梯公司应及时安排王某上班，履行劳动合同义务。根据2016年3月17日某电梯公司发给王某的上班通知书，某电梯公司安排王某至上海市嘉定区安亭镇上班，该上班地点与王某劳动合同解除前实际上班地点不相一致，某电梯公司要变更工作地点应与王某进行协商，且变更工作地点应在合理范围内。在王某提出异议后，某电梯公司未及时与王某进行沟通,直至 2016 年 11 月 25 日再次通知王某仍至上述地点上班,因此在上述期间王某不能提供正常劳动系某电梯公司原因造成的。因某电梯公司发给王某上班通知中已明确王某至其他地方上班,不认可其上班行为,故某电梯公司以王某未至原工作地点上班作为不支付 2016 年 3 月 12 日至 2016 年 7 月 7 日期间工资的意见,本院不予采纳。某电梯公司与王某于 1999 年 5 月签订的劳动合同中约定公司贯彻按劳分配的原则,制定工资和奖金制度。某电梯公司向王某发放了 2014 年的年终奖,因某电梯公司违法解除与王某的劳动合同,致王某无法正常工作至 2015 年年底。在某电梯公司已向员工发放 2015 年年终奖后,王某要求某电梯公司支付 2015 年年终奖并无不可。因某电梯公司未提供年终奖发放标准,某电梯公司对此应承担举证不利的后果,一审法院判令某电梯公司按王某 2014 年年终奖数额支付 2015 年年终奖并无不妥。某电梯公司称双方对年终奖无约定,不同意支付的意见,法院亦不予采纳。综上所述,某电梯公司的上诉请求不能成立,应予驳回。

2. 社保缴纳较为规范

值得一提的是,上海外企劳动争议中有关竞业限制和社保引起的纠纷所占比例很低,其中社保争议大部分是因工伤保险待遇所引发,可见上海的外企能够比较规范地按照法律规定为劳动者缴纳社保,但在工伤保险方面仍然存在一些企业逃避责任的现象。如某光缆(上海)有限公司与汪某工伤保险待遇纠纷案[①]。

---

① 参见(2015)沪二中民三(民)终字第 1197 号民事判决书。

在本案中，2013年9月11日，汪某在工作中受伤。2013年11月14日，汪某所受伤害被劳动保障部门认定为工伤。2014年4月23日，汪某的伤情被鉴定为因工致残程度九级。2015年3月10日，汪某辞职并办理了离职手续。2015年5月8日，汪某向上海市嘉定区劳动人事争议仲裁委员会申请仲裁，要求某光缆（上海）有限公司支付一次性伤残就业补助金人民币32706元。2015年7月21日，该会作出嘉劳人仲（2015）办字第1467号裁决书，裁决某光缆（上海）有限公司支付汪某一次性伤残就业补助金32706元。某光缆（上海）有限公司不服仲裁裁决，起诉至法院。

一审败诉后，某光缆（上海）有限公司上诉称，汪某发生工伤后，某光缆（上海）有限公司已尽到用人单位应尽的义务，某光缆（上海）有限公司并未辞退汪某，是汪某主动辞职的。汪某已经享受了相应的工伤待遇，并不存在实际损失。公司因汪某的辞职不仅要遭受人员上的损失，而且还要付出一次性伤残就业补助金，认为公司无义务支付补助金。二审法院认为，依照法律规定，劳动者因工伤残，依法享受社会保险待遇。工伤人员因工致残被鉴定为七级至十级的，劳动合同期满终止，或者工伤人员本人提出解除劳动合同的，由工伤保险基金支付一次性工伤医疗补助金。本案中汪某在某光缆（上海）有限公司发生工伤后，于2015年3月10日主动提出辞职，是其对自身劳动权利的行使，并未违反法律规定。经鉴定汪某的伤情达到了九级伤残，说明其身体确实因工伤遭受到了相当程度的损害，这必然对其今后的就业带来影响，故在汪某离职后某光缆（上海）有限公司应按照规定支付其一次性伤残就业补助金

32706 元。

3. 复合诉请比例高，增加审理难度

无论是一审案件或是二审案件，绝大多数案件当事人往往提出两个以上的诉讼请求，多诉讼请求合并的劳动争议案件成为一种趋势，劳资双方请求将工资、加班工资、年休假工资、未签劳动合同的双倍工资、解除劳动合同的经济补偿金/赔偿金等杂糅在一个诉讼中的情形越来越多，争议纠纷的内容由过去的薪酬支付、工伤赔偿扩展到社会保险、经济补偿、福利待遇等多方面。这一方面说明劳动者维护自身权益的意识不断增强，法院审理难度加大，另一方面也在一定程度上反映了劳动者存在滥用诉权的情况。

第三章

2017 年上海外企劳动争议一审案件实证分析

2018 年 4 月 12 日，课题组登录威科先行法律信息库这一具有权威性的专业法律数据库，在"裁判文书"中设置了如下几个变量：第一，"审理法院"设定为"上海市"；第二，"裁判日期"设定为"2017 年"；第三，"案由"设定为"劳动争议"；第四，"审判程序"设定为"一审"，通过检索，得到 5173 份裁判文书。接下来，在检索到的 5173 份裁判文书中，逐一通过国家企业信用信息公示系统查询当事人的企业性质，确定其外企身份（包括外商独资企业及部分中外合资企业）后，纳入本书案例分析的样本，由此得到总共 521 件上海市 2017 年一审外企劳动争议案例。

第一节 2017年上海外企劳动争议一审案件中外企诉讼地位分析

1. 概述

在本次选取的521件上海市2017年一审外企劳动争议案件中，外企在诉讼中作为原告的案件共212件，约占总数的41%；作为被告的案件共309件，约占总数的59%（见图1-3-1）。

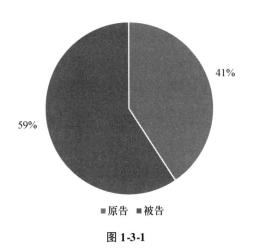

图 1-3-1

从2017年的数据来看，外企在劳动争议诉讼中充当原告和被告的比例基本相当，作为被告的案件要略多于作为原告的案件，原因有以下两点：

（1）《劳动争议调解仲裁法》的规定

根据《劳动法》第79条的规定，劳动争议发生后，一般应在法定期间内先到劳动争议仲裁委员会仲裁，不服仲裁裁决的在法定期间内可以向人民法院起诉，劳动仲裁是前置程序。2008年5月1日实施的《劳动争议调解仲裁法》第5、47、48、49、50条对劳动争议案件当事人可以对仲裁裁决不服提起诉讼的情形作了不同规定，区分了劳动者和用人单位两个不同主体所享有的不同诉权，因此间接造成了用人单位作为原告的案件数量要低于作为被告的案件数量。

首先，针对《劳动争议调解仲裁法》第47条规定的几种情形分别在该法第48、49条中作出了对劳动者和用人单位两个不同主体所享有的不同诉权的划分。《劳动争议调解仲裁法》第48条规定，劳动者对该法第47条规定的仲裁裁决不服的，可以自收到仲裁裁决书之日起15日内向人民法院提起诉讼。该条赋予了劳动者对该法第47条规定的仲裁裁决不服有向人民法院起诉的权利，但此处仅限于劳动者为适格主体。对于用人单位能否向人民法院针对第47条规定的仲裁裁决直接向人民法院起诉的问题，《劳动争议调解仲裁法》在第49条中作了规定。该条规定，用人单位针对六种法定情形可以向劳动争议仲裁委员会所在地的中级人民法院申请撤销裁决，仲裁裁决被中级人民法院裁定撤销的，用人单位才能向人民法院起诉。由此可知，用人单位想要作为原告直接针对该法第47条规定的仲裁裁决向人民法院起诉，还需要先向劳动争议仲裁委员会所在地的中级人民法院申请撤销裁决，仲裁裁决被中级人民法院裁定撤销的，用人单位才能向人民法院起诉，因此不能在一审案件中直接起诉。这无疑会增加用人单位的诉讼成本，降低用人单位通过诉讼解决争议的积极性。

其次，尽管《劳动争议调解仲裁法》第50条赋予了劳动争议双方平等的诉权，当事人对该法第47条规定以外的其他劳动争议案件的仲裁裁决不服的，可以在法定期间内向人民法院起诉，即无论用人单位还是劳动者都可以向人民法院起诉，但是，用人单位和劳动者之间主要的劳动争议都集中在该法第47条中，即追索劳动报酬、工伤医疗费、经济补偿或者赔偿金、不超过当地月最低工资标准12个月金额的争议以及因执行国家的劳动标准在工作时间、休息休假、社会保险等方面发生的争议。从上文对外企劳动争议的类型分析可以看出，《劳动争议调解仲裁法》第47条规定以外的争议类型数量很少，因此用人单位作为原告的案件数量依旧不会多于作为被告的数量。相反，由于《劳动争议调解仲裁法》赋予劳动者更有利的诉权，劳动者会更积极通过诉讼解决争议。

（2）劳动者在劳动关系中的弱势地位

劳动者作为劳动关系中比较弱势的一方，通过协商或调解的方式解决争议，往往无法达到劳动者预期的结果，因此通常会比用人单位更加积极地通过诉讼来维护自身的合法权益。而诉讼相对于仲裁来说是一种公开的解决争议的途径，可能会增加用人单位的曝光度，对用人单位的企业形象造成不利影响。因此，用人单位往往会避免主动采用诉讼来解决争议。

2. 各个劳动争议类型中外企在诉讼中的地位

如表1-3-1所示，在恢复劳动关系纠纷、确认劳动关系纠纷、经济补偿金/赔偿金纠纷、劳务派遣纠纷、追索劳动报酬纠纷和社

表1-3-1

劳动争议类型	恢复劳动关系纠纷		确认劳动关系纠纷		劳动合同纠纷		经济补偿金/赔偿金纠纷		劳务派遣纠纷		追索劳动报酬纠纷		竞业限制纠纷		社会保险纠纷		其他纠纷	
外企在诉讼中的身份	原告	被告	原告	被告	原告	被告	原告	被告	原告	被告	原告	被告	原告	被告	原告	被告	原告	被告
案件个数	8	11	5	14	1	1	150	170	1	5	28	92	4	4	6	8	9	4
占比	42%	58%	26%	74%	50%	50%	47%	53%	17%	83%	23%	77%	50%	50%	43%	57%	69%	31%

会保险纠纷中，外企作为被告的案件数量要大于其作为原告的案件数量，其中在恢复劳动关系纠纷、确认劳动关系纠纷、劳务派遣纠纷、追索劳动报酬纠纷和社会保险纠纷中，外企作为原告和作为被告的案件数量差距比较大。而在劳动合同纠纷、经济补偿金/赔偿金纠纷、竞业限制纠纷和其他纠纷中，外企作为原告的案件数量与其作为被告的案件数量基本持平或略微较多。正如上文所分析的，外企作为被告的案件数量要明显大于其作为原告的案件数量的几种劳动争议类型大部分都属于《劳动争议调解仲裁法》第47条规定的几种争议类型，用人单位想要作为原告直接针对第47条规定的仲裁裁决向人民法院起诉，还需要经过向中级人民法院申请撤销仲裁裁决的程序，不能直接起诉，因此在这几类争议中，外企作为原告的案件较少。而《劳动争议调解仲裁法》第47条规定以外的争议，如劳动合同纠纷、竞业限制纠纷和其他纠纷中外企作为原告的案件和作为被告的案件在数量上相差不多。

第二节　2017年上海外企劳动争议一审案件中外企来源地分析

1. 概述

作为原告的外企中，日本企业共12家，欧美企业共66家，港澳台企业共125家，而来自其他国家和地区的企业共9家，各自占比如图1-3-2所示。

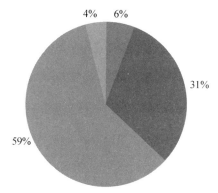

图 1-3-2

作为被告的外企中,日本企业共 46 家,欧美企业共 132 家,港澳台企业共 92 家,而来自其他国家和地区的企业共 39 家,各自占比如图 1-3-3 所示。

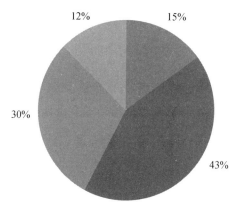

图 1-3-3

如表1-3-2和图1-3-4所示，日本企业和欧美企业作为被告的案件数量要远多于其作为原告的案件数量，而港澳台企业作为原告的案件数量却要多于其作为被告的案件数量，这表现出港澳台企业可能更积极地通过诉讼来解决劳动争议。港澳台企业来内地（大陆）投资的时间较早，形成了较为完备的劳动争议解决机制，因此不会排斥通过诉讼解决争议。

表1-3-2

	原告案件数量（件）	被告案件数量（件）
日本企业	12	46
欧美企业	66	132
港澳台企业	125	92
其他国家和地区的企业	9	39

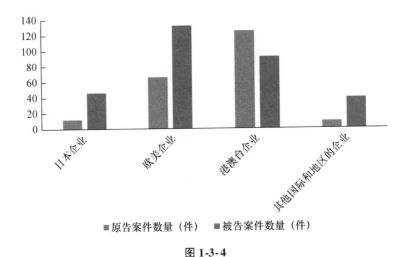

图1-3-4

2. 上海不同劳动争议类型一审案件中外企来源地分析

（1）日本企业在不同类型的劳动争议诉讼中的诉讼地位

除其他类型的劳动争议外，日本企业在各个类型的劳动争议诉讼中，作为被告的案件数量要大于或等于作为原告的案件数量，其中经济补偿金/赔偿金纠纷和追索劳动报酬纠纷中日本企业作为原告和作为被告的案件数量差距比较大。

表 1-3-3

	日本企业		欧美企业		港澳台企业		其他国家和地区的企业	
	原告	被告	原告	被告	原告	被告	原告	被告
恢复劳动关系纠纷案件数	1	1	3	7	3	2	1	1
确认劳动关系纠纷案件数	0	2	4	5	1	5	0	1
劳动合同纠纷案件数	0	0	1	1	0	0	0	0
经济补偿金/赔偿金纠纷案件数	4	32	38	72	104	50	4	16
劳务派遣纠纷案件数	0	0	1	2	0	2	0	1
追索劳动报酬纠纷案件数	2	10	11	35	14	30	1	18
竞业限制纠纷案件数	0	0	3	3	1	0	0	1
社会保险纠纷案件数	1	1	3	4	1	2	1	1
其他案件数	4	0	2	3	1	1	2	0

(2）欧美企业在不同类型的劳动争议诉讼中的诉讼地位

欧美企业在所有类型的劳动争议诉讼中，作为被告的案件数量要大于或等于作为原告的案件数量，其中经济补偿金/赔偿金纠纷和追索劳动报酬纠纷中欧美企业作为原告和作为被告的案件数量差距比较大。

（3）港澳台企业在不同类型的劳动争议诉讼中的诉讼地位

港澳台企业在确认劳动关系纠纷、劳务派遣纠纷、追索劳动报酬纠纷和社会保险纠纷诉讼中，作为被告的案件数量要大于作为原告的案件数量，其中追索劳动报酬纠纷中港澳台企业作为原告和作为被告的案件数量差距比较大。港澳台企业在恢复劳动关系纠纷、经济补偿金/赔偿金纠纷、竞业限制纠纷诉讼中，作为原告的案件数量要大于作为被告的案件数量，在经济补偿金/赔偿金纠纷中作为原告和作为被告的案件数量差距比较大。

（4）其他国家和地区的企业在不同类型的劳动争议诉讼中的诉讼地位

除其他类型的劳动争议外，其他国家和地区的企业在各个类型的劳动争议诉讼中，作为被告的案件数量要大于或等于作为原告的案件数量，在经济补偿金/赔偿金纠纷和追索劳动报酬纠纷中其他国家和地区的企业作为原告和作为被告的案件数量差距比较大。

这些特征与上文分析的原因基本相符。

第三节 2017年上海外企劳动争议一审案件中劳动争议类型分析

1. 劳动争议类型（案由）

本书在搜集到的2017年有关上海外企劳动争议的521个案例中，将劳动争议的类型分为恢复劳动关系纠纷、经济补偿金/赔偿金纠纷、竞业限制纠纷、劳动合同纠纷、劳务派遣纠纷、确认劳动关系纠纷、社会保险纠纷、追索劳动报酬纠纷、其他纠纷这九大争议类型。

2. 劳动争议类型的分布特点

就上述九大争议类型而言，由于521个案例中大量的案件有多个争议，为此课题组将每个案件的争议细化，得到687个争议。其中，经济补偿金/赔偿金纠纷有366个，占比53%，追索劳动报酬纠纷有226个，占比33%，其余争议类型有95个，占比14%，分布情况如图1-3-5所示。

（1）经济补偿金/赔偿金纠纷较为集中

从图1-3-5可知，在687个劳动争议中，经济补偿金/赔偿金纠纷有366个，占比最大，可见经济补偿金/赔偿金纠纷是上海外企劳动争议中最突出和最容易引起用人单位和员工之间进入诉讼程序的问题。紧随其后的是追索劳动报酬纠纷。因此，总体上看，上海外企劳动争议的问题比较集中，主要是经济补偿金/赔偿金纠纷与

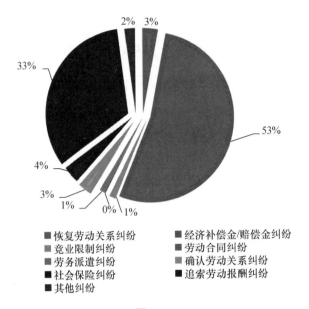

图 1-3-5

追索劳动报酬纠纷。

此外,本书将企业性质细分为欧美企业、日本企业、港澳台企业以及其他企业,同总体分布相似,不同性质企业的劳动纠纷都集中在经济补偿金/赔偿金纠纷上,其中在欧美企业劳动争议中占比56%,在日本企业中占比62%,在港澳台企业中占比72%,在其他企业中占比42%,由此可见对港澳台企业来说,经济补偿金/赔偿金问题更为突出。

经济补偿金/赔偿金纠纷的缘由一般都是用人单位解除劳动合同,关键就在于解除行为是否符合法律规定。因此,用人单位在解除劳动合同时是否违法,就决定了其应当承担的是补偿金还是赔偿金义务,这通常会成为此类案件的争议焦点。

在某阀门（上海）有限公司与张某劳动合同纠纷案[①]中，被告张某自2012年10月8日进入原告某阀门（上海）有限公司处工作，担任销售经理一职，双方最后一份劳动合同自2014年10月8日起生效，为无固定期限劳动合同。被告在职期间，多年未能完成销售指标，故原告于2016年9月30日解除与被告的劳动合同，并已依法支付了被告相应补偿。原告对于仲裁裁决的赔偿金差额之金额没有异议，但认为原告解除与被告的劳动关系合法，不存在违法解除的情形，故原告不服仲裁裁决，诉至法院。被告辩称，不同意原告的诉讼请求。双方劳动关系系原告单方面解除，而被告每年的业绩都是达标的，故原告系违法解除双方之间的劳动关系，应当向被告支付赔偿金。

这个案件的争议焦点就在于用人单位解除劳动合同的行为是否合法。用人单位认为劳动者未完成销售指标，属于《劳动合同法》第40条中规定的不能胜任工作的情况，遂与劳动者解除了劳动合同并支付了经济补偿金。但法院认为，本案中，作为原告的用人单位提供的电子邮件尚不足以证明作为被告的劳动者不能胜任工作。而即使被告确实不能胜任工作，原告也没有依据《劳动合同法》之规定对被告进行培训或者调整被告的工作岗位。因此，原告依据《劳动合同法》第40条的规定，解除与被告的劳动关系，缺乏事实依据。综上所述，原告解除与被告之间的劳动关系有违《劳动合同法》的规定，故原告应向被告支付违法解除劳动合同的赔偿金。

[①] 参见（2017）沪0112民初3061号民事判决书。

因为就业关系着劳动者的切身利益，且劳动者相对于用人单位来说处于较为劣势的地位，所以劳动者对于用人单位解除劳动合同的行为往往是不认可的，而用人单位解除劳动合同的过程中也存在很多不规范的做法，大量劳动争议都是由劳动合同的解除引发的，从而进入诉讼程序。由于用人单位单方解除劳动合同会直接影响劳动者的基本生活，故为了避免用人单位滥用单方解除权，《劳动合同法》和《最高人民法院关于审理劳动争议案件适用法律若干问题的解释（四）》对用人单位解除劳动合同的情形和程序都作出了明确规定，用人单位在行使单方解除权的时候应当审慎注意。

（2）追索劳动报酬纠纷较为普遍

根据图1-3-5，追索劳动报酬纠纷的数量在劳动争议类型占比中排名第二，可见上海外企在劳动合同的履行方面有所欠缺，容易引起纠纷。劳动者通过劳动获得正当的劳动报酬是其不可侵犯的权利，法律上对加班费、节假日等都有明确的规定，但在实践中用人单位往往为了减少用人成本，采用各种不正当手段侵犯劳动者获取报酬的权利，劳动者处于被动地位，容易引起纠纷，而劳资双方也倾向于选择诉讼的方式解决关于劳动报酬的纠纷，因此这种类型的纠纷总体上占比较大。通常出现的问题是用人单位工资标准和工资构成不明，劳动者在加班工资、休假工资、奖金、津贴等方面常常与用人单位产生分歧。

在某电器销售有限公司与毛某劳动合同纠纷案①中，被告毛某

---

① 参见（2017）沪01民终11397号民事判决书。

于2000年4月1日进入原告某电器销售有限公司担任上海嘉定店厨卫主任一职，双方签有期限自2012年1月1日起的无固定期限劳动合同。在被告履行劳动合同期间，原告对其实行指纹考勤，及实行以季为周期的综合计算工时工作制。2017年1月31日，被告以原告"于2016年3月至2017年1月将其固定工资标准由2828元下调为2050元，该期间共计被降低固定工资差额为8558元；于2015年1月至7月，每月以负补贴名义扣工资150元，共计克扣工资1050元；公司规定每周工作6天、每天工作8小时、双休日及法定节假日均工作12小时，但从不支付各类加班工资"为由，书面通知原告于2017年2月1日解除劳动合同，原告于2月6日收到该通知。

法院认为，双方对法定节假日的工作时间存有异议，原告虽未提供指纹考勤记录以证明被告于法定节假日的出勤时间，但已经提供由被告签名的每月考勤表，其中除2015年4月、2016年2月和4月的法定节假日加班工资分别记载为6小时、14小时和7小时，其余的2015年8月、9月、10月和2016年1月、5月、9月、10月的每个节假日的加班时间均为8小时，在被告没有提供其他证据证明其主张的情形下，法院不予采信被告关于法定节假日出勤12小时（尚未扣除吃饭休息时间）的主张，上述法定节假日的工作时间以考勤表记录的内容为准；原告没有提供2015年2月、6月和2016年6月的考勤表，则该期间法定节假日的工作时间可以每天工作8小时计算；原告提供了2017年1月的考勤表中签名栏处记载为离职，并无被告本人的签名确认，故该期间的每个法定节假日的工作时间亦可按 8 小时计算。原告应当按照每月 2548 元标准支付被告 2015 年 2 月法定节假日加班工资 1054.34 元、按每月 2828 元标准支付被告 2015 年 3 月至 2017 年 1 月期间法定节假日加班工资 8337.72 元，扣除上述期间原告已发放的法定节假日加班工资 6063.84 元，原告应补发被告 2015 年 2 月至 2017 年 1 月期间法定节假日加班工资差额 3328.22 元。

（3）社会保险纠纷中工伤保险纠纷占比最高

上海外企劳动争议中社会保险纠纷占比较低，为 3%，可见上海外企在员工社会保险费的缴纳方面比较重视，能够符合法律的要求，降低了相关纠纷的发生。社会保险主要包括养老保险、医疗保险、失业保险、工伤保险、生育保险外加住房公积金，在 2017 年上海外企劳动争议有关社会保险纠纷的 23 个一审案例中，有 10 个纠纷是专门针对工伤保险引发的争议，是社会保险纠纷中占比最高的一种类型，因此工伤保险是企业应当重点关注的一个问题。

（4）一个案件中存在多个诉讼请求

从本书所搜集的 521 个案例来看，其中有 166 个案例同时存在两个及以上的劳动纠纷，在劳动争议中案件当事人往往提出多个诉求，劳资双方请求将工资、加班工资、年休假工资、未签劳动合同的双倍工资、解除劳动合同的经济补偿金/赔偿金等杂糅在一个诉讼中的情形越来越多，争议纠纷的内容由过去的薪酬支付、工伤赔偿扩展到社会保险、经济补偿、福利待遇等多方面，多个诉讼请求合并审理的劳动争议案件成为一种趋势。这一方面说明劳动者维护自身权益的意识不断增强，法院审理难度加大，另一方面也在一定程度上反映了劳动者滥用诉权的情况。

第四节 2017年上海外企劳动争议一审案件中裁定类型分析

本书搜集到2017年上海外企劳动争议的裁定书181个。裁定书与判决书有所不同，裁定解决的是诉讼过程中的程序性问题，目的是使人民法院有效地指挥诉讼，清除诉讼中的障碍，推进诉讼进程；而判决解决的是当事人双方争执的权利义务问题，即实体法律关系，目的是解决民事权益纠纷，使当事人之间的争议得以解决。在劳动争议中的裁定一般可以分为撤诉、不服仲裁裁决、简易程序转普通程序、管辖权异议与移送管辖以及其他这几种类型，大致的分布情况如图1-3-6所示。

1. 撤诉

撤诉即当事人撤回起诉，法律上认为当事人有权在法律规定的范围内处分自己的民事权利和诉讼权利，因此劳动争议中的当事人撤诉，法院都是会准许的。从图1-3-6中我们也可以看出，裁定中占比最高的就是当事人撤诉，达到62%，由此也可以看出，劳动争议存在很多庭外和解的情况。需要注意的是，《最高人民法院关于人民法院对经劳动争议仲裁裁决的纠纷准予撤诉或驳回起诉后劳动争议仲裁裁决从何时起生效的解释》第1条规定："当事人不服劳动争议仲裁裁决向人民法院起诉后又申请撤诉，经人民法院审查准

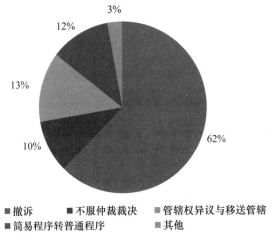

图 1-3-6

予撤诉的,原仲裁裁决自人民法院裁定送达当事人之日起发生法律效力。"即向法院提起劳动争议诉讼后,如果当事人提出撤诉,法院作出裁定允许撤诉或者按撤诉处理,原仲裁裁决便自法院撤诉裁定送达当事人之日起发生法律效力,当事人不能就此再次向法院起诉。

2. 不服仲裁裁决

《劳动法》第79条规定:"劳动争议发生后,当事人可以向本单位劳动争议调解委员会申请调解;调解不成,当事人一方要求仲裁的,可以向劳动争议仲裁委员会申请仲裁。当事人一方也可以直接向劳动争议仲裁委员会申请仲裁。对仲裁裁决不服的,可以向人民法院提起诉讼。"《最高人民法院关于审理劳动争议案件适用法律若干问题的解释(一)》(法释〔2001〕14号)第1条规定:"劳动者与用人单位之间发生的下列纠纷,属于《劳动法》第二条规定的劳动争议,当事人不服劳动争议仲裁委员会作出的裁决,依法向人民法院起诉的,人民法院应当受理……"《劳动争议调解仲裁法》第5条规定:"发生劳动争议,当事人不愿协商、协商不成或者达成和解协议后不履行的,可以向调解组织申请调解;不愿调解、调解不成或者达成调解协议后不履行的,可以向劳动争议仲裁委员会申请仲裁;对仲裁裁决不服的,除本法另有规定的外,可以向人民法院提起诉讼。"

根据上述规定可知,在我国劳动争议一旦发生,当事人必须先找劳动争议仲裁委员会而不是法院,劳动争议仲裁委员会必须先作出实体或程序的处理,当事人不服提起诉讼的,法院才能介入劳动争议处理。由于劳动争议仲裁前置的特点,因此到法院提起诉讼的当事人业已经历过劳动争议仲裁机构的裁决。对于仲裁结果,如果劳动者和用人单位双方都不服并向同一法院起诉的,依照《最高人民法院关于审理劳动争议案件适用法律若干问题的解释(二)》(法释〔2006〕6号)第11条的规定,法院应当并案审理。

3. 简易程序转普通程序

《民事诉讼法》第157条第1款规定:"基层人民法院和它派出的法庭审理事实清楚、权利义务关系明确、争议不大的简单的民事案件,适用本章规定。"所谓简易程序,是指基层人民法院及其派出法庭审理简单民事案件时所适用的较一审普通程序简单的审判程序。说简易程序简便,是强调它相对于第一审程序中的普通程序而言程序简单,易于执行、方便群众。具体来说,简易程序有如下特点:(1)程序简化,可以用简便方式传唤当事人和证人、送达文书、审理案件、进行审理前的准备等,但应保障当事人陈述意见的权利。(2)开庭方式灵活,当事人双方可就开庭方式向法院提出申请,由法院决定是否准许。经当事人双方同意,可以采用视听传输技术等方式开庭。(3)举证期限和答辩期较短。适用简易程序案件的举证期限由法院确定,也可以由当事人协商一致并经法院准许,但不得超过15日。(4)审判组织简便,由审判员一人独任审理。(5)审限短,从立案次日起3个月内审结,并且不得延长。(6)重视调解,当事人同时到庭的可以先行开庭进行调解。在司法审判中,可能会出现一开始对某劳动争议案件适用简易程序,但是在具体审理过程中,法官发现案件的案情复杂,于是作出裁定,将简易程序转入普通程序进行审理。这样更有助于案件得到进一步的调查和审理,维护双方当事人的权利。

4. 管辖权异议与移送管辖

当事人认为受诉法院或受诉法院向其移送案件的法院对案件无管辖权时,可向受诉法院或受移送案件的法院提出不服管辖的意见或主张,即管辖权异议。需要注意的是,当事人对管辖权有异议的,应当在提交答辩状期间提出。所谓移送管辖,是指法院受理民事案件后,发现自己对案件无管辖权,依法将案件移送给有管辖权的法院审理的制度。根据《民事诉讼法》第36条的规定,移送管辖需要符合以下三个条件:第一,移送法院已经受理案件;第二,移送法院对案件无管辖权;第三,受移送法院对案件有管辖权。移送管辖系法院对管辖权的自我判断,移送管辖既可以适用于同级法院之间,也可以适用于上下级法院之间。

在劳动争议案件中,法院作出移送管辖裁定的情况多属于当事人双方就同一仲裁裁决分别向有管辖权的法院起诉,后受理的法院将案件移送给先受理的法院。

5. 其他

其他的裁定类型包括:因为必须以另一案审理结果为依据,而该案尚未审结,故裁定中止诉讼;违反劳动争议仲裁前置要求驳回起诉;经审理后认为当事人的诉请不属于劳动争议受理范围等。

第五节 2017年上海外企劳动争议一审案件中判决结果分析

1. 2017年上海外企胜诉/败诉比例分析

经笔者统计,2017年上海全市的劳动纠纷涉及用人单位为外企的共521件案件,提出诉讼请求的共680项,其中外企胜诉的为355项(包括诉讼请求由劳动者提出但被法院驳回的情况),占比52.21%;外企败诉的为325项,占比47.79%(见表1-3-4)。

表1-3-4

	胜诉	败诉
数量	355	325
比例	52.21%	47.79%

从上述情况来看,虽然2017年的一审案件外企的总体胜诉率高于败诉率,但是实际差距在合理范围内,并且胜诉率和败诉率趋

于持平。

2. 2017年各案由上海外企胜诉/败诉比例分析

由表1-3-5我们可以发现，在经济补偿金/赔偿金纠纷中，外企胜诉比例为47.95%，败诉比例为52.05%；在追索劳动报酬纠纷中，外企胜诉比例为56.25%，败诉比例为43.75%；在确认劳动关系纠纷中，外企胜诉比例为57.89%，败诉比例为42.11%；在社会保险纠纷中，外企胜诉比例为47.62%，败诉比例为52.38%。在这些案由的纠纷中，外企胜诉和败诉的比例基本在50%左右，两者相差不超过10%，差距在合理范围内。关于劳务派遣纠纷，因为样本数量所限，胜诉和败诉比例均为50%。而值得注意的是，在竞业限制纠纷中，外企胜诉比例达到77.78%，败诉比例仅为22.22%；在恢复劳动关系纠纷中，外企胜诉比例为71.43%，败诉比例仅为28.57%。

表1-3-5

	胜诉		败诉	
	数量(件)	比例	数量(件)	比例
经济补偿金/赔偿金纠纷	175	47.95%	190	52.05%
追索劳动报酬纠纷	126	56.25%	98	43.75%
劳务派遣纠纷	3	50.00%	3	50.00%
竞业限制纠纷	7	77.78%	2	22.22%
确认劳动关系纠纷	11	57.89%	8	42.11%
恢复劳动关系纠纷	15	71.43%	6	28.57%
社会保险纠纷	10	47.62%	11	52.38%
其他纠纷	6	46.15%	7	53.85%

3. 一审案件裁决结果分析

分析上述各案由胜诉和败诉的比例，可以看出大部分案由外企的胜诉和败诉率基本持平，或差距在合理范围内。但是，总结这些情况，可以发现以下特点：

（1）竞业限制纠纷中外企胜诉率较高

在2017年的一审案件中，涉及竞业限制纠纷的案件不足10件，样本并不大，但是其中77.78%的一审裁判结果为外企胜诉。

《劳动合同法》第23条规定，对负有保密义务的劳动者，用人单位可以在劳动合同或者保密协议中与劳动者约定竞业限制条款，并约定在解除或者终止劳动合同后，在竞业限制期限内按月给予劳动者经济补偿。

实践中，用人单位与劳动者约定了补偿金支付标准的，原则上应按照约定的标准支付补偿金。约定的补偿金支付标准无上限。如果补偿金支付标准低于当地最低工资标准，且同时远低于劳动者的工资收入的，劳动者可向裁审机构主张调整经济补偿金数额。而若劳动者违反了竞业限制条款，用人单位可向法院主张竞业限制赔偿金。

从2017年上海外企胜诉的一审案例中可以看出，在外企与劳动者签署了竞业限制条款的情况下，法院一般倾向于认定该竞业限制条款有效；且若外企举出合理证据证明劳动者在离职后确实违反了竞业限制条款，包括为其他公司服务且该公司的经营范围或生产的产品确实与外企的经营范围有重合，法院倾向于认定劳动者确实违反了竞业限制条款，这种裁判观点在很多判决书中都有迹可循。

在张某与某流体技术有限公司劳动合同纠纷案①中，劳动者将外企告上法庭，要求法院判定其签订的《保密和竞业禁止协议》无效，法院认为："本案中，双方于2010年4月12日签订了《保密和竞业禁止协议》，双方对于保密及专有信息的内容作出详细的约定，原告属于负有保密义务的人员，系签订《保密和竞业禁止协议》的适格主体。从该协议的内容来看，系双方真实意思表示，且不违反法律规定，合法有效，原告主张该协议无效，缺乏依据，本院不予采纳。根据该协议约定，原告在与被告劳动关系存续期间和在与被告终止或解除劳动关系后一年内，应遵守竞业限制的约定。对于竞业禁止的范围，双方亦在协议中作出约定。原告从被告处离职后至普朋公司工作，后又在普朋公司担任董事，而普朋公司的经营范围与被告的经营范围部分重合，应视为竞业单位。原告违反了《保密和竞业禁止协议》，应向被告支付违约金。根据《最高人民法院关于适用〈中华人民共和国合同法〉若干问题的解释（二）》第29条的规定，当事人主张约定的违约金过高请求予以适当减少的，人民法院应当以实际损失为基础，兼顾合同的履行情况，当事人的过错程度及预期利益等综合因素，根据公平原则和诚实信用原则予以衡量，并作出裁决。当事人约定的违约金超过损失的百分之三十的，一般可以认定为合同法第114条第2款规定的'过分高于造成的损失'。本案中，被告并未举证证明存在损失，故双方约定

---

① 参见（2017）沪0120民初3981号民事判决书。

的违约金标准显属过高,原告要求调整,合法有据。关于违约金的数额问题,本院要考虑在保护用人单位的商业秘密权和劳动者择业权之间寻求平衡点,从原告违反竞业限制义务未对被告造成实际损失、原告违反竞业期限的长短和过错程度等方面综合考虑,酌情判决原告向被告支付违约金272553.04元。"

(2) 确认劳动关系纠纷和要求恢复劳动关系纠纷中外企胜诉较多

就整理的2017年上海外企劳动争议案件来说,在有关确认和恢复劳动关系的纠纷中,外企胜诉率明显高于败诉率。在这类案件中,当事人双方的重点往往在于举证责任,由劳动者一方举证双方存在劳动关系,或举证证明解除劳动合同违法且具备恢复劳动关系的可能性;而用人单位的举证责任往往在于证明双方不存在直接的劳动关系,或证明解除劳动合同符合法律的规定。法院的判定往往会倾向于充分履行了举证责任证明自己主张的一方。

在某餐饮企业管理有限公司与孙某劳动合同纠纷案[①]中,法院认为:"本案争议的焦点是原、被告之间是否存在劳动关系。劳动关系是劳动者与用人单位之间以劳动力为对价的财产关系,同时还兼具劳动者对用人单位的人身依附关系。当事人对自己提出的诉讼请求所依据的事实或者反驳对方诉讼请求所依据的事实有责任提供证据加以证明。没有证据或者证据不足以证明当事人的事实主张的,由负有举证责任的当事人承担不利后果。被告提供的工资发放

---

① 参见(2017)沪0117民初5121号民事判决书。

明细、人力表等证据并未载明与原告有关的信息，亦无原告的盖章确认。原告提供的《特许经营合同》、营业执照、上海市小餐饮信息登记公示卡等证据，可以证明被告工作的门店并非由原告直接经营。根据本案现有证据，尚不足以证明原告与被告之间符合劳动关系的特征，故被告要求确认与原告之间存在劳动关系，进而要求原告支付未签劳动合同二倍工资差额以及病休假工资的诉讼请求，缺乏事实和法律依据，本院难以支持。"

而在另外一些案件中，在劳动者提交了充分有效的证据的情况下，法院即作出了有利于劳动者的判决。例如，在封某与上海某文具用品有限公司确认劳动关系纠纷案[①]中，劳动者起诉用人单位要求确认双方存在劳动关系，法院认为："根据规定，当事人对自己提出的诉讼请求所依据的事实或者反驳对方诉讼请求所依据的事实，应当提供证据加以证明，但法律另有规定的除外。本案中，原告提供了劳动合同、工资发放凭证及代缴个人所得税凭证等证据，上述证据已经形成证据链，可以证明原告是由被告招聘，由被告按月发放工资，并由被告作为用人单位为其代扣个人所得税，被告亦认可双方之间自2010年10月1日起存在劳动关系，且双方之间的关系符合劳动关系的特征，而目前双方的劳动关系尚在持续期间，故对原告要求确认2010年10月至2016年12月期间双方之间存在劳动关系的诉讼请求，本院予以支持。"

---

① 参见（2017）沪0116民初11339号民事判决书。

（3）在判定用人单位解除劳动关系是否合法时，企业内部的劳动用工规则具有重要作用

分析外企解除劳动合同的案例，可以发现，在法院判定用人单位解除劳动合同是否合法时，很重要的依据是劳动者及用人单位的行为是否符合用人单位内部的劳动用工规章制度。

依据《劳动合同法》第4条，用人单位应当依法建立和完善劳动规章制度，保障劳动者享有劳动权利、履行劳动义务。2001年4月30日起施行的《最高人民法院关于审理劳动争议案件适用法律若干问题的解释（一）》第19条规定，用人单位根据《劳动法》第4条之规定，通过民主程序制定的规章制度，不违反国家法律、行政法规及政策规定，并已向劳动者公示的，可以作为法院审理劳动争议案件的依据。

而由于现行劳动法律法规及政策适用上的普遍性及原则性，不仅仅因为是法律的要求，客观上也需要用人单位根据其内部组织关系及用人特点，制定内部规则与外部法律法规相衔接。从这一意义上看，内部劳动用工规则不仅是用人单位内部管理的必要措施，也是实施劳动法律法规及政策的必要手段。

在我们搜集到的司法判例中，法院也在判决中承认了内部劳动规则的效力。在外企建立了内部劳动规则及规章制度的情况下，若劳动者确实违反了内部规章制度，外企据此解除其劳动合同，在外企承担举证责任并提供了有力证据证明劳动者存在违纪行为后，法院倾向于认定解除劳动关系的行为合法。例如，在黄某与某动力技

术有限公司劳动合同纠纷案①中，法院认定："劳动者严重违反用人单位的规章制度的，用人单位可以解除劳动合同。本案中，被告提供了《员工手册》、书面警告通知、谈话录音、证人证言等足具证明力的证据形成证据链，证明原告存在工作中滋事、工作态度消极、工作效率低下、不配合领导工作安排等情况，由此导致被告对原告两次进行书面警告。现被告根据其《员工手册》的规定，在两次书面警告的情况下，解除双方之间的劳动合同，于法有据，故对于原告要求被告支付违法解除劳动合同的赔偿金的诉讼请求，本院不予支持。"无独有偶，在潘某与上海某精密零件制造有限公司劳动合同纠纷案②中，法院认为，劳动者有义务遵守用人单位的规章制度，在劳动者违纪的情况下，用人单位履行了相关程序后予以解除劳动合同有法可依。法院在判决书中写明："劳动者应当完成劳动任务，提高职业技能，执行劳动安全卫生规程，遵守劳动纪律和职业道德。本案中，原告存在伙同其他同事接受外来图纸在公司内利用公司的设备和材料等资源进行私自加工，亲自参与制作，最终将加工好的零件带出公司交与他人之行为。原告的上述行为，违反了被告处员工手册的相关规定。此外，原告于2015年6月26日参加的关于机加工工作安排的会议中，被告已经明确告知原告，凡今后发现做私活的，一经查实，将按公司规章制度开除处理，然原告还是于2016年6月下旬作出上述行为。本院认为，原告的行为不

---

① 参见（2016）沪0112民初25881号民事判决书。
② 参见（2016）沪0112民初29577号民事判决书。

仅严重违反了被告处的规章制度，且已违背了作为劳动者最基本的职业道德。因此，被告经工会同意后以原告存在上述行为为由，解除与原告的劳动关系，并无不当。原告要求被告支付其违法解除劳动合同的赔偿金，本院不予支持。"

4. 2017年各来源地上海外企胜诉/败诉比例分析

表 1-3-6

	胜诉		败诉	
	数量（件）	比例	数量（件）	比例
欧美企业	111	55.78%	88	44.22%
日本企业	33	57.89%	24	42.11%
港澳台企业	85	39.17%	132	60.83%
其他企业	35	72.92%	13	27.08%

经过对外企最终来源地的分析，欧美和日本的外企胜诉率和败诉率差别在合理范围内，随着样本的增加基本趋于持平。而值得注意的是，港澳台企业的败诉率高达60.83%，远高于其他来源地企业。

究其原因，可能是因为港澳台企业有很大一部分为规模较小的企业。因为地缘优势，在上海存在大量由港澳台资本独资设立或与上海企业、个人合资设立的外资企业。在2017年的案例中，涉案的港澳台企业有很大一部分为注册资本较低、规模较小的劳动密集型企业，未能建立合理有效的劳动用工制度，在解除劳动合同、解雇员工方面也不甚规范，所以造成较多的劳动争议和败诉情况。

5. 2017 年外企作为原告/被告的胜诉/败诉比例分析

表 1-3-7

	胜诉		败诉	
	数量（件）	比例	数量（件）	比例
原告	40	18.87%	172	81.13%
被告	224	72.49%	85	27.51%

在 2017 年上海劳动争议一审案件中，外企作为原告的胜诉率为 18.87%，败诉率为 81.13%；而在外企作为被告时，胜诉率为 72.49%，败诉率为 27.51%。这样的数据表明，在作为原告起诉时，无论是劳动者或是用人单位，往往都面临较大的压力才能取得诉讼的胜利。

第四章

劳动争议案件中外企败诉的原因分析及应对策略

第一节 劳动争议案件中外企败诉的原因分析

根据本篇第二章和第三章的分析,并结合法院的裁判文书,笔者总结了外企败诉的原因,主要有以下几点:

一、在日常劳动用工中未建立系统的劳动制度,缺乏证据意识

在外企的日常用工过程中,很多外企未能建立一个有效的劳动用工文件系统,合同、离职证明等文件的签署和管理不规范,导致在法院审理过程中无法作为有效证据使用,故要承担举证不能的不利后果。

在陈某与某模具有限公司劳动合同纠纷案①中,法院认为:"关

---

① 参见(2017)沪0114民初2948号民事判决书。

于违法解除劳动合同赔偿金的诉讼请求。被告主张因原告劳动合同期满后原告不愿意续签合同、不愿意参加任何会议、无法协调工作，扰乱被告正常经营秩序，于2016年7月21日与原告面谈后解除劳动合同，但原告否认存在上述行为，被告应当对解除劳动合同的合法性承担举证义务。但被告在仲裁时、诉讼时均没有提交证据证实原告有上述行为，相应举证不利的法律后果由被告承担。因被告没有提交证据证实解除劳动合同的合法性，属违法解除。用人单位违法解除或者终止劳动合同，劳动者不要求继续履行劳动合同的，用人单位应当依照法律规定的经济补偿标准的二倍向劳动者支付赔偿金。原告要求被告支付违法解除劳动合同赔偿金的诉讼请求，合法有据，本院予以支持。"

另外，在张某与上海某装饰工程有限公司劳动合同纠纷案[①]中，法院在一审民事判决书中同样指出："根据劳动合同法规定，劳动合同订立时所依据的客观情况发生重大变化，致使劳动合同无法履行，经用人单位与劳动者协商，未能就变更劳动合同内容达成协议的，用人单位提前三十日以书面形式通知劳动者本人或者额外支付劳动者一个月工资后，可以解除劳动合同，并支付劳动者经济补偿金。本案中，根据被告提供的业务重组通知、股东决议、会议纪要等证据，被告与瑞安建筑公司的合并，导致被告内部组织架构及人员发生变化，原告的原岗位被撤销，原、被告的劳动合同无法继续履行，此时，被告应当就变更劳动合同的内容与原告进行协商。被

---

① 参见（2017）沪0114民初2929号民事判决书。

告庭审中提交了谈话笔录用以证明双方的协商过程，原告对谈话笔录的真实性不予认可，并表示被告未与其谈话协商过。鉴于谈话笔录上并没有原告的签字，被告也无其他证据可以对该份谈话笔录予以佐证，在原告否认存在协商事实的情况下，被告应承担举证不利的后果。被告在客观情况发生重大变化，劳动合同无法继续履行时，未履行协商变更的义务即解除了与原告的劳动合同，系违法解除，因此，原告要求被告支付违法解除劳动合同赔偿金的诉讼请求于法有据，本院予以支持。"

在笔者整理的案例中，有大量由于当事人未能有效举证而导致败诉的情况，这种情况不仅仅存在于用人单位负有举证责任的情况。由于劳动者缺乏维权意识，未能意识到留存证据的重要性，以及对某些由用人单位留存的证据劳动者可能无法有效取得，举证能力不足，所以在劳动者负担举证责任的情况下，因为举证不能或不利导致的败诉情况更加常见。

二、劳动管理不规范，未按照劳动法的规定落实劳动者权益，缺乏合规意识

在笔者整理的案例中，用人单位败诉的另一大原因是缺乏合规意识，未能按照《劳动法》和《劳动合同法》的规定保障劳动者的合法权益。部分案件为违法解除劳动合同后未能按照法律规定足额支付离职经济补偿金，部分案件为用人单位未能保障劳动者的工伤等社会保险权益，或者用人单位未能按照法定或约定的薪酬标准向劳动者支付劳动报酬。

在经济补偿金/赔偿金纠纷中,争议的焦点往往是用人单位解除劳动合同是否合法,以及用人单位与劳动者关于支付补偿金的标准。而在社会保险纠纷中,法院倾向于保护劳动者权益。例如,在饶某等与上海某高尔夫俱乐部有限公司工伤保险待遇纠纷案[①]中,一审法院认为:"根据劳动法规定,国家发展社会保险事业,建立社会保险制度,设立社会保险基金,使劳动者在工伤等情况下获得医疗救治和经济补偿。另据工伤保险条例规定,职工因工死亡,其近亲属按规定从工伤保险基金领取丧葬补助金、供养亲属抚恤金和一次性工亡补助金。一次性工亡补助金标准为上一年度全国城镇居民人均可支配收入的20倍。未参加社会保险缴费期间用人单位工作人员发生工伤的,由用人单位按照工伤保险待遇规定支付工伤人员工伤保险待遇。……方某(系饶某等人亲属)上班途中发生交通事故死亡,被认定为工伤,作为用人单位的被告未为其缴纳社会保险费,方某无法从工伤保险基金获得工伤保险待遇的理赔,被告应按工伤保险待遇规定支付其近亲属工亡补助金,故原告要求被告支付因方某工伤的一次性工亡补助金的请求,合法有据,本院予以支持。"

三、操作程序不当,缺乏程序意识

我国《劳动合同法》有很多程序性规定,若程序操作不当,也容易导致外企承担败诉风险。这些程序性规定大都集中在用人单位

[①] 参见(2017)沪0114民初1364号民事判决书。

规章制度的制定以及劳动合同的解除方面。例如,《劳动合同法》第4条规定,用人单位在制定、修改或者决定有关劳动报酬、工作时间、休息休假、劳动安全卫生、保险福利、职工培训、劳动纪律以及劳动定额管理等直接涉及劳动者切身利益的规章制度或者重大事项时,应当经职工代表大会或者全体职工讨论,提出方案和意见,与工会或者职工代表平等协商确定。在规章制度和重大事项决定实施过程中,工会或者职工认为不适当的,有权向用人单位提出,通过协商予以修改完善。用人单位应当将直接涉及劳动者切身利益的规章制度和重大事项决定公示,或者告知劳动者。实践中,部分用人单位未将规章制度向劳动者进行公示、告知,导致该规章制度对劳动者不具有合法约束力;此外,部分用人单位规章制度未经民主程序制定或是规章制度与法律的强制性规定相冲突,这些都有可能导致用人单位因规章制度存在瑕疵而败诉。由于用人单位负有证明规章制度制定和公示程序的合法性之法定义务,故用人单位在制定规章制度及向劳动者公示或告知规章制度的过程中,需强化证据留存意识。[①]

另外,《劳动合同法》中还有其他一些重要的程序规定,如解雇员工须告知工会、规章制度的制定须经过民主程序、发生重大客观变化须进行协商才能解雇、不能胜任工作须经过调岗或者培训才

[①] 参见北京市海淀区人民法院于2014年7月发布的《海淀区劳动争议审判情况白皮书——劳资双方败诉情形分析暨十大典型案例(2014)》。

能解雇等。有些外企对于这些程序性规定不太重视，从而导致在诉讼中处于不利地位。

第二节 外企应对劳动争议案件的策略

总结 2017 年上海外企劳动争议案件，在日常劳动用工中，为降低合规风险，在发生劳动纠纷时提高胜诉概率，外企用人单位应当做到如下几点：

一、进行雇佣前背景调查

在招聘人员时，在确定目标候选人后，用人单位可自行或聘用背景调查公司对目标候选人的相关背景进行调查，以确保目标候选人的个人能力、品行及从业经历符合用人单位岗位的要求，其中对于技术岗位和掌握商业秘密的核心管理岗位，背景调查应当尤其慎重。对于有特殊情况的候选人，如与原用人单位签有服务期协议或竞业限制协议的员工，用人单位应要求候选人就是否已经解决服务期/竞业限制等问题予以确认；必要时可以要求候选人提供入职承诺书，以减少用人单位的法律风险。

二、严格落实劳动法规定，依法为劳动者缴纳相关社会保险费，建立和完善劳动规章制度

在工作时间和休息休假、最低工资、劳动安全卫生、女职工特

殊保护等方面，用人单位不能采用低于劳动法所规定的标准，避免因对劳动法落实不到位从而引发纠纷。同时，用人单位应该依法为劳动者足额缴纳社会保险费，依法建立和完善劳动规章制度，以规范自身用工管理，规避合规风险。

三、在发生劳动争议时，及时评估风险，积极解决纠纷

用人单位在得知劳动争议案件发生或有潜在发生风险时，应及时与内部法律顾问或外部律师进行沟通，对案件的法律风险进行评估，并制订相应的应对方案；同时，用人单位应认识到仲裁或诉讼并非解决问题的唯一途径，积极考虑调解，从减少法律风险和节省费用及时间的角度，结合案件进展与员工的个人态度，在合适的时机与员工进行沟通，以推动案件的和解。

四、熟悉举证规则，搜集和保存相关证据

劳动争议案件中的举证责任有其特殊性，对举证责任的不熟悉是用人单位在诉讼中败诉的重要原因。在劳动关系的建立、履行直至解除、终止的各个阶段，用人单位须举证的重点也有所不同。用人单位要熟悉不同阶段的举证的重点，从而主动搜集并准备相关证据。

在劳动关系的建立阶段，用人单位要求法院确认合同无效或部分无效的，需证明劳动者系以欺诈的手段，使其在违背真实意思的情况下订立或者变更劳动合同或劳动合同违反法律、行政法规的强

制性规定。用人单位请求确认无须支付劳动者未签订书面劳动合同二倍工资差额的，则需向法院举证证明系因劳动者个人原因致使未能签订或未能续订书面劳动合同。

在劳动关系的履行阶段，用人单位主张以下事实的，应承担相应的举证责任：用人单位须书面记录支付劳动者工资的数额、时间以及领取者的姓名和签字，并保存两年以上备查。用人单位在支付工资时应向劳动者提供一份其个人的工资清单；用人单位安排加班的，必须书面记录加班情况及加班费的支付情况。否则，在劳动者证明了用人单位掌握加班事实存在的证据后，用人单位无法提供这些证据的，将承担不利后果。

涉及劳动关系解除及终止情形的案件中，用人单位作为劳动关系中负有管理责任的一方，应当承担相应的举证责任。通常情况下用人单位应举证证明劳动者提出解除劳动关系的原因，或用人单位辞退劳动者具有合法依据，应提供以下证据：劳动合同、离职登记表、解除（终止）劳动关系通知书、邮寄通知的邮件详情单及投递查询结果、离职证明、辞退依据如规章制度及相应民主与公示程序、一次性了结纠纷协议书等。

涉及竞业限制和服务期方面的劳动争议案件中，用人单位要求劳动者支付竞业限制违约金的，需要证明保密事项的存在和就业限制的范围、地域、期限不违反法律、法规的规定，同时需要举证证明已经按约足额支付劳动者竞业限制补偿金，且需要证明劳动者存在违约行为，比如新单位为其缴纳社会保险费、个税或者公积金，或者劳动者以新单位名义从事竞争性业务活动；用人单位要追偿培训费用的，需要证明培训费用支出和服务期约定的情况，否则应承担举证不能的后果。①

另外，用人单位应该有意识地搜集和保存相关证据。人力资源管理部门在日常管理中，应注意保留与劳动关系有关的记录，其中包括劳动合同、员工手册签收单、考勤记录、工资支付记录等书面证据，电子邮件、手机短信等电子证据，以及法律允许范围内的录音和影像证据等。

---

① 参见北京市海淀区人民法院于 2014 年 7 月发布的《海淀区劳动争议审判情况白皮书——劳资双方败诉情形分析暨十大典型案例（2014）》。

第二篇

实务篇：外企劳动争议法律风险防范及典型案例分析

第一章

确认劳动关系纠纷法律风险防范及典型案例分析

第一节　确认劳动关系纠纷概述

《劳动法》第 16 条规定："劳动合同是劳动者与用人单位确立劳动关系、明确双方权利和义务的协议。建立劳动关系应当订立劳动合同。"《劳动合同法》第 10 条第 2 款规定："已建立劳动关系，未同时订立书面劳动合同的，应当自用工之日起一个月内订立书面劳动合同。"实践中经常出现双方未订立书面劳动合同的情形，在这种情形下，双方是否存在劳动关系可能会发生争议。如果发生争议，应该如何认定双方之间是否存在劳动关系，是一个司法实践中的常见问题，也是外企经常面临的一个法律风险。

确认劳动关系不同于给付之诉和变更之诉，属于确认之诉，用于确认劳动者与用人单位之间是否建立了劳动关系。劳动者要求确认与用人单位的劳动关系，一般是因为自己的某些实体利益受到损害，要进行下一步诉请。劳动者与用人单位提起确认之诉的诉因主要有以下几种：第一，劳动者应劳动保障行政部门工伤认定要求所需，要求确认劳动关系。第二，劳动者为了取得工资、加班费或者相关的报酬、补偿金、赔偿金而要求确认某段期间与用人单位有劳动关系。第三，用人单位不服仲裁确认劳动关系的裁决提起诉讼，要求确认双方无劳动关系。由于用人单位和劳动者对于劳动关系结束的时间节点常常存在争议，因此用人单位往往会以双方不存在劳动关系来提起诉讼。因此，对劳动关系的确认，往往是其他诉求的一个前提条件。

劳动法规定，用人单位自用工之日起即与劳动者建立劳动关系。2005年5月25日，原劳动和社会保障部发布了《关于确立劳动关系有关事项的通知》。该通知第1条对用人单位和劳动者符合法律、法规规定的主体资格进行了规定，即要构成劳动法所调整的劳动法律关系，必须满足劳动法对于主体资格的要求。此外，该条还规定了劳动规章制度、劳动管理、劳动报酬等实质性判定基准。该条具体内容如下："用人单位招用劳动者未订立书面劳动合同，但同时具备下列情形的，劳动关系成立。（一）用人单位和劳动者符合法律、法规规定的主体资格；（二）用人单位依法制定的各项劳动规章制度适用于劳动者，劳动者受用人单位的劳动管理，从事用人单位安排的有报酬的劳动；（三）劳动者提供的劳动是用人单位业务的组成部分。"该通知第2条规定了判断劳动关系的形式要件："用人单位未与劳动者签订劳动合同，认定双方存在劳动关系时可参照下列凭证：（一）工资支付凭证或记录（职工工资发放花名册）、缴纳各项社会保险费的记录；（二）用人单位向劳动者发放的'工作证'、'服务证'等能够证明身份的证件；（三）劳动者填写的用人单位招工招聘'登记表'、'报名表'等招用记录；（四）考勤记录；（五）其他劳动者的证言等。其中，（一）、（三）、（四）项的有关凭证由用人单位负举证责任。"

因此，在实践中，用人单位是否向劳动者支付劳动报酬、劳动者付出的劳动是否为用人单位业务的组成部分、劳动者是否接受用人单位的管理和约束等均是确立劳动关系存在与否的条件特征。

第二节 确认劳动关系纠纷的法律风险防范要点及典型案例分析

一、在校大学生能否成为劳动关系的主体

 典型案例：胡某与某餐饮公司确认劳动关系纠纷案

审理法院：江苏省南京市中级人民法院

案号：（2016）苏01民终5116号

【裁判要义】

若在校生实习协议本质上为劳动合同，则双方之间存在劳动关系，该协议属双方真实意思表示，不违反法律、行政法规的禁止性

规定，合法、有效，对双方均具有法律约束力。

【案情概要】

胡某系东南大学成贤学院2011级学生，2015年2月17日某餐饮公司向胡某发出录用通知，载明胡某的工作岗位为餐厅见习助理，工作地点为南京。双方于2015年3月2日签订在校生实习协议，协议约定胡某从事餐厅见习助理工作，实习期限为2015年3月2日至2016年3月1日，某餐饮公司每月支付胡某实习津贴2700元，某餐饮公司不为胡某缴纳社会保险费。胡某在某餐饮公司工作期间，某餐饮公司与胡某及胡某所在学校间并未签订三方协议，某餐饮公司也没有向胡某所在学校支付任何费用。胡某每天工作8小时。某餐饮公司每月通过银行发放胡某的实习津贴至2015年6月，银行对账单中的摘要标注为"工资"。2015年4月17日，胡某在上班路上发生交通事故，并住院进行手术，后未再至某餐饮公司处工作。2015年7月15日，胡某向南京市劳动人事争议仲裁委员会提出仲裁申请，请求确认其与某餐饮公司之间存在劳动关系。2015年7月23日，某餐饮公司发出终止实习协议通知书，终止胡某、某餐饮公司双方签订的在校生实习协议。

【争议焦点】

胡某与某餐饮公司之间是否存在劳动关系，在校大学生能否成为劳动关系的主体。

【法院判决】

某餐饮公司与胡某签订的合同名称虽为"在校生实习协议"，

但从某餐饮公司发布的招聘信息、胡某应聘和面试的过程,以及双方所订协议中工作岗位明确、劳动报酬亦不显著低于同行业劳动者的劳动报酬等内容看,胡某为某餐饮公司提供的劳动,显然不同于在校大学生以学习为目的而进行的社会实践活动。综上,胡某为某餐饮公司提供的劳动既不属于"利用业余时间勤工助学",也不属于以学习和教学为目的的在校学生实习,胡某与某餐饮公司之间自2015年3月2日起存在劳动关系。某餐饮公司主张胡某提供的劳动系在校生实习的理由不能成立。

【法律风险防范要点】

我国劳动法律法规并未禁止在校大学生在学习期间就业,也并未禁止雇主招聘录用在校大学生。《劳动法》第15条第1款规定:"禁止用人单位招用未满十六周岁的未成年人。"原劳动部《关于贯彻执行〈中华人民共和国劳动法〉若干问题的意见》第4条规定:"公务员和比照实行公务员制度的事业组织和社会团体的工作人员,以及农村劳动者(乡镇企业职工和进城务工、经商的农民除外)、现役军人和家庭保姆等不适用劳动法。"该条规定并未将在校大学生包括在内。实践中,很多用人单位会招聘一些在校大学生从事一些辅助性工作,由于在司法实践中会被认定为存在劳动关系的风险,建议用人单位在与在校大学生签署实习协议时明确其性质和实习目的,从而避免被认定为双方之间存在劳动关系。

二、用人单位发生合并或者分立的情况下,劳动合同的效力如何认定

 典型案例:刘某与某针织印染厂有限公司确认劳动关系纠纷案

审理法院:广东省广州市荔湾区人民法院

案号:(2015)穗荔法民一初字第1170号

【裁判要义】

用人单位发生合并或者分立等情况,原劳动合同继续有效,劳动合同由承继其权利和义务的用人单位继续履行。

【案情概要】

刘某称从1994年4月1日起入职广州某针织有限公司,职务是保全助理,工号为940007。广州某针织有限公司与某针织印染厂有限公司合并后,刘某一直在某针织印染厂有限公司工作。刘某提供了一份刘某与某针织印染厂有限公司于2008年8月11日签订的劳动合同,该合同约定的合同期限为从2008年10月1日起无固定期限,工作岗位为针织部提花组保全助理。刘某为证明从1994年4月1日开始在某针织印染厂有限公司工作,提供了2006年1月13日某针织印染厂有限公司颁发的荣誉证书,该证书显示刘某荣获公司的"十年服务奖",拟证明2006年时刘某已在公司工作十年以上。刘某另提供2006年、2007年年终奖工资单和2008年12月、2009年12月工资单的原件,上述工资单均显示刘某的雇佣日期为1994年4月1日。某针织印染厂有限公司在质证时确认该工

第一章
确认劳动关系纠纷法律风险防范及典型案例分析

资单是公司发放的,确认至今刘某仍在公司工作,任某助理。2004年8月27日,广州市芳村区对外贸易经济合作局以穗芳外经贸字〔2004〕43号文批准,同意某针织印染厂有限公司吸收合并广州某针织有限公司,即某针织印染厂有限公司继续存在,广州某针织有限公司解散,合并后的某针织印染厂有限公司全部承继原广州某针织有限公司和某针织印染厂有限公司的债权债务。

刘某就该劳动争议向广州市劳动人事争议仲裁委员会申请劳动仲裁,请求确认1994年4月1日至2015年2月6日期间与某针织印染厂有限公司存在劳动关系。2015年5月6日,广州市劳动人事争议仲裁委员会作出穗劳人仲案(2015)877号仲裁裁决书,裁决刘某与某针织印染厂有限公司在2005年4月1日至2015年2月6日期间存在劳动关系。刘某对该裁决不服,故向法院提起诉讼。

【争议焦点】

用人单位发生合并或者分立的情形,原劳动合同是否有效以及服务期限的时间节点如何界定。

【法院判决】

发生劳动争议,当事人对自己的主张有责任提供证据。刘某主张从1994年4月1日开始在某针织印染厂有限公司工作,根据刘某提供的工资单、某针织印染厂有限公司颁发的荣誉证书均可认定刘某的主张。《劳动合同法》第34条规定:"用人单位发生合并或者分立等情况,原劳动合同继续有效,劳动合同由承继其权利和义务的用人单位继续履行。"由于刘某原工作单位广州某针织有限公司被某针织印染厂有限公司合并,广州某针织有限公司的一切债权债务由某针织印染厂有限公司承继,故广州某针织有限公司与刘某的劳动关系由某针织印染厂有限公司继续履行,从某针织印染厂有限公司提供的工资单和公司对刘某颁发的荣誉证书已得到认定,故本院依法确认刘某从1994年4月1日开始与某针织印染厂有限公司存在劳动关系。刘某至今仍在某针织印染厂有限公司工作,刘某请求确认劳动关系至2015年2月6日,本院予以采纳。

【法律风险防范要点】

《劳动合同法》第34条明确了劳动合同的效力并不因用人单位发生合并或者分立而终止。另外,《最高人民法院关于审理劳动争议案件适用法律若干问题的解释(一)》第10条对于在用人单位发生合并或者分立的情形下,劳动争议如何承继问题作出了明确规定。该条规定:"用人单位与其他单位合并的,合并前发生的劳动争议,由合并后的单位为当事人;用人单位分立为若干单位的,其分立前发生的劳动争议,由分立后的实际用人单位为当事人。用人单位分立为若干单位后,对承受其劳动权利义务的单位不明确的,分立后的单位均为当事人。"

因此,用人单位要明确,不能以分立、合并为由改变原合同的内容,而应该继续履行原劳动合同。很多用人单位不能很好地把握法律规定,有的是乘机随意解除与劳动者的合同,有的是未按法律规定给予劳动者补偿,从而导致劳动纠纷。

为防范此类法律纠纷,用人单位可采取以下的应对策略:第一，用人单位应当了解用人单位分立或合并后，原劳动合同继续有效。原劳动合同约定的期限、岗位、工资等各方面的内容均不应当发生变化。用人单位分立或合并后，继承其权利义务的用人单位应继续履行劳动合同，不能以此为由单方面解除劳动合同。第二，用人单位分立或合并后，劳动合同的当事人可以通过协商一致的方式变更、解除或重新签订劳动合同。但协商不一致的，用人单位不能以分立或合并为由改变原劳动合同的内容。第三，劳动合同继续履行的员工在原单位的工龄和现单位的工龄应连续计算，不能发生中断。①

三、未签署劳动合同时如何认定劳动关系

典型案例：姚某与上海某房地产经纪有限公司确认劳动关系纠纷案

审理法院：上海市崇明区人民法院（原上海市崇明县人民法院）

案号：（2017）沪 0151 民初 10032 号

【裁判要义】

双方未签署劳动合同时，若存在其他证据证明，可认定劳动关系确实存在。

---

① 参见郭飞、云晓燕：《企业劳动法律风险防范实务》，法律出版社 2018 年版，第 176 页。

【案情概要】

姚某于2015年1月进入上海某房地产经纪有限公司（以下简称"某房产公司"）处工作，双方未签订劳动合同。姚某工作至2015年8月31日，后姚某诉至法院，要求确认其与某房产公司自2015年1月至2015年8月期间存在劳动关系。

【争议焦点】

姚某与某房产公司是否存在劳动关系。

姚某主张某房产公司按月向其发放工资，双方存在劳动关系；姚某提供银行流水一份，证明某房产公司向其支付过工资。

某房产公司主张每月的钱款为市场调研费用，而不是劳动报酬。

【法院判决】

法院经审理后认为，劳动关系是兼有人身关系和财产关系性质，兼有平等关系和隶属关系特征的社会关系。从姚某提供的银行流水来看，某房产公司在2015年1月9日、2月9日、3月9日发放给姚某的数额均为1646.84元，符合工资发放的基本特征。另根据姚某的陈述，姚某的工资组成为底薪加提成，姚某提供的银行流水也能够佐证姚某的这一陈述。某房产公司在仲裁中答辩称其支付的是协助市场调研的费用，但未提供相关证据，法院不予采信。故法院确认姚某与某房产公司自2015年1月起存在劳动关系。

【法律风险防范要点】

在本案中，法院以双方实际上存在工资的支付行为，从而认定双方之间存在劳动关系。对于用人单位而言，我们建议，应该按照劳动法的相关规定及时地和劳动者签订书面的劳动合同，从而明确双方之间的劳动关系。对于一些不是劳动关系，但存在支付报酬的服务，比如承揽加工、中介服务等，建议双方签署具体的协议，明确支付报酬的原因，从而避免被法院确定为存在劳动关系。

第二章

劳动合同纠纷法律风险防范及典型案例分析

第一节　劳动合同纠纷概述

劳动合同纠纷发生在劳动合同从签订到解除的各个阶段，涵盖劳动合同的订立、劳动合同的履行和变更以及劳动合同的解除。

一、劳动合同订立纠纷

用人单位与劳动者之间建立劳动关系，应当订立书面劳动合同。我国劳动法明确规定，劳动合同分为固定期限劳动合同、无固定期限劳动合同和以完成一定工作任务为期限的劳动合同。固定期限劳动合同，是指用人单位与劳动者约定合同终止时间的劳动合同。

用人单位与劳动者协商一致，可以订立固定期限劳动合同。

《劳动合同法》第 14 条规定："无固定期限劳动合同，是指用人单位与劳动者约定无确定终止时间的劳动合同。用人单位与劳动者协商一致，可以订立无固定期限劳动合同。有下列情形之一，劳动者提出或者同意续订、订立劳动合同的，除劳动者提出订立固定期限劳动合同外，应当订立无固定期限劳动合同：（一）劳动者在该用人单位连续工作满十年的；（二）用人单位初次实行劳动合同制度或者国有企业改制重新订立劳动合同时，劳动者在该用人单位连续工作满十年且距法定退休年龄不足十年的；（三）连续订立二次固定期限劳动合同，且劳动者没有本法第三十九条和第四十条第一项、第二项规定的情形，续订劳动合同的。用人单位自用工之日起满一年不与劳动者订立书面劳动合同的，视为用人单位与劳动者已订立无固定期限劳动合同。"以完成一定工作任务为期限的劳动合同，是指用人单位与劳动者约定以某项工作的完成为合同期限的劳动合同。用人单位与劳动者协商一致，可以订立以完成一定工作任务为期限的劳动合同。

此外，《劳动合同法》对试用期也作出了明确规定，即如果劳动合同中约定试用期的，劳动合同期限三个月以上不满一年的，试用期不得超过一个月；劳动合同期限一年以上不满三年的，试用期不得超过二个月；三年以上固定期限和无固定期限的劳动合同，试用期不得超过六个月。

在实践中，有些用人单位在上述有关劳动合同签订的条件和规定上无法完全符合劳动法的要求，一旦劳动者的利益受到侵犯，就非常容易引发劳动争议。但是，我国劳动法对劳动合同的签订已经作出了较为明确和详尽的规定，因此，总体来说，劳动合同签订方面引发的纠纷数量较少。

二、劳动合同履行和变更纠纷

劳动合同签订后，用人单位和劳动者都应当按照劳动合同的约定，全面履行自己的义务。在劳动合同履行过程中，最常见的纠纷是用人单位拖欠或者未足额支付劳动报酬引发的纠纷，加班费是纠纷频率最高的一类。本书中将追索劳动报酬单独列为劳动纠纷的一种，在本章不再赘述。

劳动合同变更纠纷也是常见的一种纠纷。《劳动合同法》第35条规定："用人单位与劳动者协商一致，可以变更劳动合同约定的内容。变更劳动合同，应当采用书面形式。"在实践中，劳动合同的变更主要涉及降薪、调岗、改变工作地点等发生的纠纷。

三、劳动合同解除纠纷

劳动合同解除纠纷是实践中发生最多，也是最常见的劳动纠纷。因劳动合同解除而发生纠纷的主要情形有：

1. 因劳动者辞职引起的纠纷

《劳动合同法》第37条赋予劳动者单方面解除劳动合同的辞职权。该条规定："劳动者提前三十日以书面形式通知用人单位，可以解除劳动合同。劳动者在试用期内提前三日通知用人单位，可以解除劳动合同。"实践中因辞职发生的争议主要有：劳动者辞职是否需要用人单位同意；劳动者提出辞职后是否可以单方面撤回辞呈。

2. 劳动者因用人单位过错而提出解除劳动合同引起的纠纷

《劳动合同法》第38条规定了劳动者可以随时单方面解除劳动合同的情形。该条规定:"用人单位有下列情形之一的,劳动者可以解除劳动合同:(一)未按照劳动合同约定提供劳动保护或者劳动条件的;(二)未及时足额支付劳动报酬的;(三)未依法为劳动者缴纳社会保险费的;(四)用人单位的规章制度违反法律、法规的规定,损害劳动者权益的;(五)因本法第二十六条第一款规定的情形致使劳动合同无效的;(六)法律、行政法规规定劳动者可以解除劳动合同的其他情形。用人单位以暴力、威胁或者非法限制人身自由的手段强迫劳动者劳动的,或者用人单位违章指挥、强令冒险作业危及劳动者人身安全的,劳动者可以立即解除劳动合同,不需事先告知用人单位。"在这些情形中,用人单位存在违反法律法规等过错行为,劳动者可以随时解除劳动合同。

3. 用人单位即时解除劳动合同引起的纠纷

《劳动合同法》第39条规定了用人单位即时解除劳动合同的权利。用人单位即时解除劳动合同,是指用人单位无须征得他人的意见,也无须以任何形式提前告知劳动者,即可随时通知劳动者解除劳动合同的行为。它一般适用于劳动者在劳动过程中存在某些重大过失的情形,因此也被称为"过失性辞退"。[①]《劳动合同法》第

---

① 参见《〈中华人民共和国劳动合同法〉条文释义与案例精解》,中国民主法制出版社2007年版,第173页。

39条规定:"劳动者有下列情形之一的,用人单位可以解除劳动合同:(一)在试用期间被证明不符合录用条件的;(二)严重违反用人单位的规章制度的;(三)严重失职,营私舞弊,给用人单位造成重大损害的;(四)劳动者同时与其他用人单位建立劳动关系,对完成本单位的工作任务造成严重影响,或者经用人单位提出,拒不改正的;(五)因本法第二十六条第一款第一项规定的情形致使劳动合同无效的;(六)被依法追究刑事责任的。"

在实践中引起纠纷最多的是用人单位因劳动者严重违反用人单位的规章制度而解除劳动合同。其中主要涉及劳动规章制度的有效性与规章制度的合理性,以及用人单位是否有足够证据证明劳动者有严重违反用人单位规章制度的情形。

4. 用人单位非过失性辞退引起的纠纷

用人单位非过失性辞退,是指在劳动者无过错的情况下,由于主客观情况的变化而导致劳动合同无法履行时,用人单位可以提前通知劳动者后单方面解除劳动合同的行为。①

《劳动合同法》第40条规定:"有下列情形之一的,用人单位提前三十日以书面形式通知劳动者本人或者额外支付劳动者一个月工资后,可以解除劳动合同:(一)劳动者患病或者非因工负伤,在规定的医疗期满后不能从事原工作,也不能从事由用人单位另行安排的工作的;(二)劳动者不能胜任工作,经过培训或者调整工

---

① 参见《〈中华人民共和国劳动合同法〉条文释义与案例精解》,中国民主法制出版社2007年版,第179页。

作岗位,仍不能胜任工作的;(三)劳动合同订立时所依据的客观情况发生重大变化,致使劳动合同无法履行,经用人单位与劳动者协商,未能就变更劳动合同内容达成协议的。"

依据上述规定,用人单位非过失性辞退,必须满足一定的条件。首先,应遵循一定的程序条件,即用人单位应当提前30日以书面形式通知劳动者本人或者额外支付一个月的工资。其次,用人单位不能直接解除,而是必须满足一定的前提条件。例如,劳动者不能胜任工作的,用人单位不能立即解除与其的劳动合同,必须要对劳动者进行培训或者调整工作岗位,如果之后劳动者仍不能胜任工作,用人单位才能解除与其的劳动合同。实践中,劳动纠纷的发生多是因为用人单位未满足上述条件和程序而解除劳动合同所引起的。

5. 用人单位违反不得解除劳动合同的规定引起的纠纷

《劳动合同法》第42条对用人单位解除劳动合同进行了限制。该条规定:"劳动者有下列情形之一的,用人单位不得依照本法第四十条、第四十一条的规定解除劳动合同:(一)从事接触职业病危害作业的劳动者未进行离岗前职业健康检查,或者疑似职业病病人在诊断或者医学观察期间的;(二)在本单位患职业病或者因工负伤并被确认丧失或者部分丧失劳动能力的;(三)患病或者非因工负伤,在规定的医疗期内的;(四)女职工在孕期、产期、哺乳期的;(五)在本单位连续工作满十五年,且距法定退休年龄不足五年的;(六)法律、行政法规规定的其他情形。"

在以上所列情形中,最常发生的纠纷是因解除处于孕期女职工而发生的纠纷。

6. 用人单位解除劳动合同时未通知工会引起的纠纷

《劳动合同法》第 43 条规定："用人单位单方解除劳动合同，应当事先将理由通知工会。用人单位违反法律、行政法规规定或者劳动合同约定的，工会有权要求用人单位纠正。用人单位应当研究工会的意见，并将处理结果书面通知工会。"该条规定了用人单位解除劳动合同时通知工会的程序要求。如果用人单位忽略了该条程序性规定，即使实体上解除劳动合同完全合法，也会因此类疏忽而导致败诉。

第二节 劳动合同纠纷的法律风险防范要点及典型案例分析

一、劳动合同订立纠纷

 典型案例：某服饰公司与吕某劳动合同纠纷案

审理法院：上海市青浦区人民法院

案号：（2016）沪 0118 民初 14249 号

【裁判要义】

用人单位自用工之日起超过一个月不满一年未与劳动者订立书面劳动合同的，应当向劳动者每月支付二倍的工资。

【案情概要】

吕某为某服饰公司员工,于 2015 年 10 月 16 日入职,担任样衣工,双方未签订劳动合同。2016 年 9 月 22 日,某服饰公司以吕某经常旷工、迟到为由扣罚吕某工资,吕某不服提起诉讼。

【争议焦点】

吕某要求某服饰公司支付 2015 年 10 月 16 日至 2016 年 9 月 22 日未签订劳动合同的二倍工资差额;某服饰公司同意支付工资差额,但对于工资的基数有异议。

【法院判决】

法院认为,根据法律规定,用人单位与劳动者已建立劳动关系,未同时订立书面劳动合同的,应当自用工之日起一个月内订立书面劳动合同。用人单位自用工之日起超过一个月不满一年未与劳动者订立书面劳动合同的,应当向劳动者每月支付二倍的工资。某服饰公司与吕某自用工后未签订过劳动合同,故某服饰公司应支付吕某 2015 年 11 月 16 日至 2016 年 9 月 22 日期间未签订劳动合同的二倍工资差额。关于工资计算基数,双方对于工资标准主张不一。某服饰公司主张吕某每周上班六天,每月固定 5000 元,含加班工资,并提供考勤卡、工资表等证据予以证明。吕某主张每周工作五天,每月 5000 元不含加班工资。对此,关于每周出勤时间,吕某在仲裁审理中述称"平时一般没有延时加班情况,周六偶尔加班,周日不加班",在本院审理中称"一般周六都要上班,有时候赶着出货,晚上也会加班到很晚",又称"平时延时加班多,周六加班有时会调休"。本院认为，吕某关于出勤、加班时间的陈述前后不一，本院对其陈述难以采信，某服饰公司提供的考勤卡及饭贴记录可以对应。综上，本院确认吕某5000元/月的工资中应已包含周六的加班工资。据此，经核算，吕某正常出勤的月工资应为3576.13元。本院以此为基数计算出赔偿金额。

【法律风险防范要点】

我国《劳动合同法》将订立书面合同列为用人单位的法定义务。《劳动合同法》第10条第1、2款规定："建立劳动关系，应当订立书面劳动合同。已建立劳动关系，未同时订立书面劳动合同的，应当自用工之日起一个月内订立书面劳动合同。"第82条规定了严格的罚则："用人单位自用工之日起超过一个月不满一年未与劳动者订立书面劳动合同的，应当向劳动者每月支付二倍的工资……"

在实践中，劳动者要求用人单位支付未签书面劳动合同的二倍工资大多数是在双方发生其他劳动纠纷之后。在本案中，双方就是在因违纪处分发生纠纷后，劳动者要求用人单位支付未签劳动合同的二倍工资。如果用人单位确实没有签订书面劳动合同，将处于不利的地位。因此，我们建议用人单位应按照法律的规定及时签署劳动合同。如果确因某些特殊原因不能及时签署书面劳动合同，一定要及时和劳动者形成某种书面形式的证据，证明并不是由于用人单位的原因而导致未签署劳动合同。还有部分劳动者基于自身的原因，不愿意签订书面劳动合同。《劳动合同法实施条例》第5条规定:"自用工之日起一个月内,经用人单位书面通知后,劳动者不与用人单位订立书面劳动合同的,用人单位应当书面通知劳动者终止劳动关系,无需向劳动者支付经济补偿,但是应当依法向劳动者支付其实际工作时间的劳动报酬。"因此,在劳动者本人不愿意签订书面劳动合同的情况下,用人单位应当要求劳动者提供书面说明是其基于自身的原因而不签订合同,以防止将来无法证明未签劳动合同的原因,同时建议用人单位对于迟迟不签订劳动合同的劳动者,及时终止与其的劳动关系,以避免将来劳动者诉诸法律主张未签劳动合同的双倍赔偿。

二、劳动合同变更纠纷

 典型案例:某安防系统公司与孔某劳动纠纷案

审理法院:北京市顺义区人民法院

案号:(2017)京 0113 民初 23159 号

【裁判要义】

用人单位与劳动者协商一致,可以变更劳动合同约定的内容。变更劳动合同,应当采用书面形式。用人单位违反《劳动合同法》规定解除或者终止劳动合同的,应当依照该法第 47 条规定的经济补偿标准的二倍向劳动者支付赔偿金。

【案情概要】

2012 年 7 月,孔某入职某安防系统公司。双方曾于 2012 年 7

月13日签订合同期限为2012年7月5日至2014年7月4日的劳动合同，合同中约定孔某的工作岗位为折弯操作工。前述劳动合同期满后，双方分别于2014年7月24日和2016年6月22日两次签订劳动合同续订书，2016年6月22日的劳动合同续订书显示双方自2016年7月4日开始建立无固定期限劳动关系。2014年7月11日，孔某的工作岗位调整为旋转门生产主管，旋转门生产主管的工作职责在"岗位异动申请表"中概述为：负责旋转门项目的生产监督、人员管理培训、安全生产指导、与其他各部门协调等。

2017年7月7日，某安防系统公司对孔某的工作岗位进行调整，将孔某降职为普通员工。"岗位调动申请表"显示了如下内容：（1）具体原因说明：在日常工作中消极怠工，自由散漫，一直没有履行班组长职责，对车间下达的生产任务不能按期完成交付，找各种理由推脱责任；（2）薪资待遇由5778元下调至4978元；（3）生效日期为2017年7月7日；（4）孔某拒绝签字。

某安防系统公司于2017年9月13日、2017年9月20日向孔某发放了到岗通知。孔某未按时到岗，但辩称其未到岗有如下正当理由：一是前述通知的发放时间晚于通知所要求的到岗时间；二是他并不认同此次调岗安排，双方就岗位调整未达成一致意见。

2017年9月22日，某安防系统公司以孔某严重违反公司规章制度为由提出解除其与孔某之间的劳动关系。

【争议焦点】

某安防系统公司依据考核结果对孔某调岗降薪是否符合公司规

章制度规定,是否应当支付孔某所谓工资差额。

【法院判决】

本案中,某安防系统公司对孔某进行调岗降薪处理,但某安防系统公司就其调岗降薪决定的正当性、合理性并未提交充分的证据予以证实,故此,对某安防系统公司关于其行使用工自主权,按照规章合法调整孔某岗位并降低薪酬的主张,本院不予采信。此外,某安防系统公司就其所主张的据以作出解除劳动关系决定的孔某虚报工时一节,并未提交充分的证据予以证实,相关邮件打印件的发件人邮箱并非孔某的个人专用邮箱,根据生活常识,某安防系统公司依据其所提交的邮件打印件指认孔某虚报工时,明显依据不足,本院实难采纳。综上,孔某主张某安防系统公司解除双方劳动关系属于违法解除,并据此要求支付违法解除劳动合同赔偿金,于法有据,本院予以支持;孔某未对仲裁裁决结果提起诉讼,根据孔某就其工资发放情况提交的银行交易明细核算,孔某认可仲裁裁决结果核算的数额,并要求某安防系统公司按照该数额支付违法解除劳动合同赔偿金,未超法定标准,并无不当,本院照准。

就孔某主张的工资差额一节,某安防系统公司主张孔某2017年7月和2017年8月的实发工资数额降低,是调岗并降薪和绩效考核为零分的因素所致,但某安防系统公司未证明调岗行为的合法性、正当性,且其就孔某绩效奖金的核算依据及其过程一节并未提交充分的证据予以证实,某安防系统公司应对此承担不利后果。庭审中,孔某主张其于2017年9月20日至2017年9月22日在旋转门组正常提供劳动,某安防系统公司虽不认可其主张,但未提供充分证据证明其出勤情况,应对此承担不利后果。综上所述,对孔某要求支付 2017 年 7 月 1 日至 2017 年 9 月 22 日工资差额理由正当,应予支持。孔某未对仲裁裁决结果提起诉讼,根据孔某就其工资发放情况提交的银行交易明细核算,孔某认可仲裁裁决结果核算确认的工资差额,并要求某安防系统公司按照该数额予以支付,未超法定标准,并无不当,本院照准。

【法律风险防范要点】

用人单位与劳动者建立劳动关系后,不能随意变更劳动合同的内容,如工作时间、工作地点、工作岗位、工作报酬等,如确需变更,需遵守法律规定的条件和程序。用人单位因生产经营的需要,调整劳动者的工作岗位,可以按照劳动合同约定与劳动者协商变更劳动合同,协商不成可以解除劳动合同。用人单位不应以劳动者不服从工作调动违反其管理规定为由,解除与劳动者的劳动合同,否则应承担相应的赔偿责任。劳动合同的变更应符合法律规定,否则就属于违法行为,一旦发生纠纷,用人单位必将面临法律风险。①在司法实践中,用人单位需要对其调岗降薪的合理性、正当性进行举证,若举证不力,就如本案一样,将承担不利的法律后果。

---

① 参见郭飞、云晓燕:《企业劳动法律风险防范实务》,法律出版社 2018 年版,第 169 页。

第二章
劳动合同纠纷法律风险防范及典型案例分析

三、劳动合同解除纠纷

（一）劳动者不能提供有效的病假单，用人单位可认定劳动者存在旷工行为

典型案例：某化妆品公司与冯某劳动合同纠纷案

审理法院：上海市静安区人民法院

案号：（2017）沪0106民初11918号

【裁判要义】

劳动者不能提供有效的病假单，用人单位认定劳动者存在累计旷工的严重违纪行为，可合法解除双方之间的劳动合同关系。

【案情概要】

2015年8月24日，冯某入职某化妆品公司，双方签订了期限为2015年8月24日至2018年12月31日的劳动合同，月工资税前人民币30000元。自2016年5月14日起，冯某发邮件给某化妆品公司请病假至2016年9月4日。2016年8月31日，某化妆品公司向冯某发出解除劳动合同通知书。另查明，根据公安局出入境管理信息系统显示，冯某在2016年5月3日上午9：02出境前往美国，至2016年9月1日未有入境记录。2017年4月6日，冯某在美国生育一子。

在本案中，冯某开具的病假单情况如下：（1）上海复旦大学附属中山医院以冯某患足底筋膜炎为由开具了2016年5月13日至

2016年6月11日的病情证明单；（2）上海复旦大学附属中山医院以冯某患足底筋膜炎为由开具了2016年6月9日至2016年6月22日的病情证明单；（3）上海市第一人民医院以冯某颈椎疼痛、颈椎软组织损伤为由开具了2016年6月22日至2016年7月5日的病休证明书；（4）浙江省嘉兴市第二医院以冯某患×××疾病为由开具了2016年7月5日至2016年8月4日建议休息一月的诊断证明书；（5）浙江省嘉兴市第二医院以冯某患×××疾病为由开具了2016年8月4日至2016年9月4日建议休息一月的诊断证明书。由于冯某连续请假，特别是到上海以外的医院开具病假单，某化妆品公司已经对病假单产生了怀疑。某化妆品公司认为冯某是上海市户籍员工，公司已在上海为冯某缴纳医保，劳动者的就医应按上海市的医疗办法执行，冯某至外省市就医并开具病假单，不符合就医原则，且此前冯某已多次请病假，前两次是足底筋膜炎，后三次是×××疾病，公司对冯某的病假真实性产生合理怀疑，因此公司要求冯某提供之前的就医记录，但冯某无理拒绝。

冯某认为在嘉兴看病属于正常的范畴之内。2016年8月4日×××疾病的病假单确实是他人代开，冯某在邮件中已经向某化妆品公司说明情况。某化妆品公司不接收代开病假单，没有事先告知冯某。某化妆品公司以冯某旷工为由解除劳动合同，但公司所称的旷工时间在冯某病假期间，公司解除劳动合同是恶意解除。现冯某在休产假阶段，休完产假后要求继续上班，不接受公司解除劳动合同的行为。

【争议焦点】

如果劳动者提供虚假的病假单,用人单位是否可以据此解除劳动合同。

【法院判决】

某化妆品公司不接受冯某提供的代开病假单,在冯某未能重新提供有效病假单的前提下,公司认定冯某存在累计旷工三天以上的严重违纪行为,于2016年8月31日向冯某发出了解除劳动合同通知书,解除了双方的劳动合同关系。根据公安局出入境管理信息系统查询到的冯某出境记录,冯某在2016年5月3日出境前往美国后至2016年9月1日未入境,显然冯某提供的病假证明存在虚假,某化妆品公司作出与冯某解除劳动合同的行为,并无不妥之处,本院应予支持。

鉴于本案的实际情况,需要向冯某指出,冯某利用我国现有的医疗制度现状,采用欺骗的手段获取了不同病情的诊断书,浪费了诉讼资源,冯某的行为有悖于诚实信用原则,应当对冯某进行批评教育。

【法律风险防范要点】

我国劳动法律法规对劳动者患病或者非因工负伤提供了严格的法律保护。法律规定了医疗期等病假的待遇以及解除劳动合同的限制。但实践中确实有些劳动者滥用我国医疗期保护的法律制度,利用我国现有的医疗制度的弊病,采用欺骗手段获取病假单。本案即为典型案例。劳动者实际上赴美产子,并滞留美国不归,但却利用虚假病假单欺骗用人单位。用人单位如果查明劳动者以欺骗手段提供虚假病假单，当然有权解除劳动合同。

（二）劳动者不按公司规定的流程和制度请假，可视为严重违反用人单位的规章制度

 典型案例：戴某与某物业顾问公司劳动合同纠纷案

审理法院：上海市第二中级人民法院

案号：（2018）沪02民终4892号

【裁判要义】

劳动者不按用人单位规定的流程和制度请假，擅自离职，可视为劳动者严重违反用人单位的规章制度，用人单位可以解除劳动合同。

【案情概要】

戴某于2013年3月25日入职某物业顾问公司，双方签有劳动合同，合同期至2019年3月31日，约定实行不定时工作制。戴某实际担任副董事后升任董事，始终在重庆上班，具体负责物业出租、销售及管理工作。2017年3月28日，戴某与在成都、上海工作的同事周某、黄某、李某、谭某等人，在重庆海逸酒店开会结束后至餐厅就餐。2017年4月28日，就上述3月28日餐后活动情况，某物业顾问公司委派法务及合规部两位员工至重庆约见戴某调查询问，当日近下班时分戴某到达办公室。谈话的主要过程如下：两位调查员口头告知自己的身份，要求戴某配合调查。戴某就提问

回复称，不知道晚餐后还有其他活动，也不知道其他人餐后去了哪里，不存在一起去夜总会之事，更没有看到同事有不当行为。两位调查员告知有人指认戴某是当晚活动见证人，提醒戴某应尽配合调查义务。戴某回复称自己确实未参加。对于两位调查员出示的2017年3月27日戴某与周某的往来微信记录，戴某予以确认，即戴某曾于当日通过微信询问周某次日晚饭后是否需安排其他活动，未见周某回复信息。两位调查员要求戴某出示手机、手提电脑供其查看，戴某拒绝。上述谈话过程历时一小时左右，其间戴某情绪曾有起伏，并拒绝在谈话笔录上签字。嗣后，某物业顾问公司就上述调查事宜另行制作调查问卷，通过电子邮件要求戴某书面答复，戴某拒绝。2017年5月2日至5日，戴某未上班，事先在电脑系统中点击申请年休，该申请信息遂进入周某系统权限内，但彼时周某因故离职，故无人审批。2017年5月22日，某物业顾问公司出具解除劳动合同通知，以严重违反规章制度为由辞退戴某。

【争议焦点】

戴某的行为是否构成旷工。

【法院判决】

2017年5月2日至5日戴某未上班，虽事先在系统内点击申请年休，但并未收到系统关于同意的指示，故未上班属无故，某物业顾问公司认定旷工，具备事实依据。虽然当时戴某上司周某已离职，客观上无人应答，且彼时戴某对周某的离职确不知情，但作为下属、员工，连续三天申请不上班，未收到系统答复的，不应视若无睹不打招呼就休假，而是应与上司或与其他部门联系确认，否则公司以无视劳动纪律为由认定旷工，具备合理依据。戴某提供的与杜某的录音，其内容未见戴某就年休事后请求确认亦得确认等意思表示，故不足为据。另外，戴某关于不定时工作制的理由亦系对该制度的误解。不定时工作制只是工作时间的一种方式，绝非理解为不定时员工可以自由安排自己的工作时间。某物业顾问公司认为戴某2017年5月2日至5日旷工，事由成立，其以严重违纪为由解除与戴某的劳动合同是合法解除，戴某关于赔偿金的诉请，不予支持。

【法律风险防范要点】

本案中戴某知晓某物业顾问公司的员工手册，对于员工手册最基本的请假制度和流程应该十分清楚。员工手册规定，公司零容忍违反职业行为标准的行为，不能容忍任何违反公司政策及程序的行为，尤其是不道德和不诚实的行为。此外，公司的职业行为准则对员工在公司内部调查时应当予以充分、全面配合有明确的规定，并且规定在员工不配合的情况下，公司可以作出终止劳动合同的最终处罚。上述规定系公司自治权的合理体现，应予尊重。戴某在确认函（公司政策）上签字，表示理解及确认包括标准商业行为准则在内的公司政策，因此戴某理应遵守相应的规定。戴某通过系统申请休假后，在并未得到上级或者公司其他人员明确批准的答复的前提下，不能推定公司已经同意戴某的休假。

本案涉及劳动者的请假权。我国劳动法及相关法律法规中并没有规定劳动者在法定假期以外因私人事务是否享有请假权,亦没有具体规定劳动者在法定假期之外可以请假的情形、请假的天数以及请假期间的待遇。但从情理上,用人单位应当给予劳动者处理私人事务请假的权利。为避免因劳动者请假而发生纠纷,用人单位应当制定完善的内部规章和管理制度,同时加强劳动者日常请假管理,避免发生劳动纠纷。但如果劳动者未按公司规章制度规定的程序和要求请假,擅自离岗,用人单位可认定劳动者严重违反公司规章制度,可依法与其解除劳动合同。

(三)未经民主程序制定的规章制度,能否作为解除劳动合同的依据

典型案例:苏州某服务有限公司与李某经济补偿金纠纷案

审理法院:江苏省苏州市虎丘区人民法院

案号:(2016)苏 0505 民初 995 号

【裁判要义】

劳动者严重违反用人单位规章制度的,用人单位可以解除和劳动者的劳动合同,但用人单位在行使单方解除权时应做到事实清楚、证据充分、依据明确。据以解除劳动合同的规章制度未经民主程序制定,不得作为解除的依据。

【案情概要】

李某于 2004 年 3 月 2 日进入苏州某服务有限公司工作,公司于 2004 年 6 月为李某缴纳社会保险费至 2015 年 9 月。李某自 2011

年起被公司派遣至日东电工工作。2011 年 8 月 21 日，李某作为派遣至日东电工的员工，在苏州某服务有限公司制定的《设备人员岗位职责与行为规范》《设备人员违纪违规处理规定》下签名。其中，《设备人员违纪违规处理规定》第 28 条规定，无故旷工、连续旷工或催促后继续旷工的，开除。2015 年 12 月 11 日，苏州某服务有限公司向李某发出通知一份，通知李某重新安排工作岗位，并要求李某按时到新岗位报道。李某接到通知后未按时到岗。2015 年 12 月 19 日，苏州某服务有限公司工会作出回复，经苏州某服务有限公司工会研究决定，同意苏州某服务有限公司对李某作出自动离职，双方解除劳动关系的决定。

【争议焦点】

未经民主程序制定的规章制度，是否能够作为解除劳动合同的依据。

【法院判决】

李某自 2004 年起至苏州某服务有限公司处工作，双方签订了劳动合同，双方均应严格履行劳动合同。苏州某服务有限公司为李某缴纳社会保险费至 2015 年 9 月。2015 年 8 月 14 日，李某与苏州某人力资源有限公司高新区分公司签订了派遣员工劳动合同，被派遣至苏州某服务有限公司处工作，但李某自 2011 年起一直被苏州某服务有限公司派遣在日东电工工作，与苏州某人力资源有限公司高新区分公司签订劳动合同后并无调整。苏州某服务有限公司并无证据证明早与李某解除了劳动关系，故双方一直存在劳动关系。即便苏州某服务有限公司与苏州某人力资源有限公司高新区分公司合作，李某仍被派遣至苏州某服务有限公司处，李某的工作岗位也未改变，苏州某服务有限公司同时属用工单位。作为用人单位，劳动者严重违反用人单位规章制度的，用人单位可以解除和劳动者的劳动合同，但用人单位在行使单方解除权时应做到事实清楚、证据充分、依据明确。本案中，李某确有旷工事实，但苏州某服务有限公司据以解除劳动合同的规章制度未经民主程序制定，不得作为解除的依据。故苏州某服务有限公司以李某旷工三天按自动离职处理进而解除双方的劳动关系，属违法解除，苏州某服务有限公司不论作为用人单位还是用工单位，均应支付李某经济补偿标准二倍的赔偿金。但李某在仲裁时变更仲裁请求，要求苏州某服务有限公司支付经济补偿金23405元，对此本院表示支持。

【法律风险防范要点】

合法有效的劳动规章制度是用人单位管理的基础。《劳动合同法》第4条规定了规章制度的要求和程序。该条规定："用人单位应当依法建立和完善劳动规章制度，保障劳动者享有劳动权利、履行劳动义务。用人单位在制定、修改或者决定有关劳动报酬、工作时间、休息休假、劳动安全卫生、保险福利、职工培训、劳动纪律以及劳动定额管理等直接涉及劳动者切身利益的规章制度或者重大事项时，应当经职工代表大会或者全体职工讨论，提出方案和意见，与工会或者职工代表平等协商确定。在规章制度和重大事项决定实施过程中，工会或者职工认为不适当的，有权向用人单位提出,通过协商予以修改完善。用人单位应当将直接涉及劳动者切身利益的规章制度和重大事项决定公示,或者告知劳动者。"另外,《最高人民法院关于审理劳动争议案件适用法律若干问题的解释(一)》第19条规定:"用人单位根据《劳动法》第四条之规定,通过民主程序制定的规章制度,不违反国家法律、行政法规及政策规定,并已向劳动者公示的,可以作为人民法院审理劳动争议案件的依据。"根据上述法律规定,作为法院审理劳动争议案件依据的用人单位的规章制度,内容必须合法,同时程序上必须经过民主程序制度,并且已向劳动者公示。

本案中,苏州某服务有限公司据以解除劳动合同的规章制度未经民主程序制定,不得作为解除的依据。故苏州某服务有限公司以李某旷工三天按自动离职处理进而解除双方的劳动关系,属违法解除,因此,建议用人单位无论制定还是修改规章制度,都必须遵守法律规定的民主程序。同时,用人单位要注意保存相关证据,如工会、职工大会的会议纪要、会议签到簿等。

(四)如何证明用人单位规章制度已经公示或者告知劳动者

 典型案例:江某与某快递公司经济补偿金纠纷案

审理法院:广东省深圳市中级人民法院

案号:(2017)粤03民终19977号

【裁判要义】

员工知悉员工手册的内容,该手册即对员工具有约束力,用人单位可以将该手册作为解除劳动合同的依据。

【案情概要】

江某于 2013 年 1 月 28 日至某快递公司工作，双方签订的最后一份劳动合同的期限是从 2016 年 1 月 28 日起至 2019 年 1 月 27 日止。公司依据员工手册中"自收到第一封书面警告信之日起连续 12 个月内又收到两封警告信的，则第三封书面警告信暨解雇通知函"的规定解除与江某的劳动关系。江某主张公司系违法解除劳动合同。

【争议焦点】

员工手册是否对江某具有约束力；某快递公司依据员工手册解除与江某的劳动关系是否符合法律规定。

【法院判决】

本案中，某快递公司提交了修订员工手册的会议纪要，该会议纪要上有工会成员的签名，证明员工手册的修订已经过民主程序。同时，江某认可员工手册签收页上的签名系其本人所签，且签收页载明了"本人明白自己有责任了解和理解某快递员工手册内容，并对自己与此有关的行为负责"，因此，江某知悉员工手册的内容，员工手册对其具有约束力。某快递公司也提交了给予江某三次违纪的证据，江某没有提交其他证据推翻公司的证据，三次违纪处分亦符合员工手册的规定，故江某关于公司对其的警告处分具有较强的主观性的主张不予支持。公司依据员工手册的规定对江某违反公司管理制度的行为予以警告并解除双方的劳动关系且通知了工会，符合法律规定，无须支付其赔偿金，原审认定无误，本院予以确认。

【法律风险防范要点】

《最高人民法院关于审理劳动争议案件适用法律若干问题的解释（一）》第19条规定："用人单位根据《劳动法》第四条之规定，通过民主程序制定的规章制度，不违反国家法律、行政法规及政策规定，并已向劳动者公示的，可以作为人民法院审理劳动争议案件的依据。"根据该司法解释，用人单位的规章制度作为法院审理的依据必须向劳动者公示或者告知劳动者。向劳动者公示的证据保留比较困难，同时也容易引起争议，因此最好的办法是用人单位证明已经告知劳动者。比较普遍易行的做法是让劳动者签署已经收到、阅读并知悉公司规章的文件。

（五）用人单位规章制度不得违反法律法规规定

典型案例：某空调科技有限公司与郭某经济补偿金纠纷案

审理法院：江苏省苏州市中级人民法院

案号：（2017）苏05民终4857号

【裁判要义】

《劳动合同法》赋予用人单位在"劳动者严重违反用人单位规章制度"的情形下解除劳动合同的权利，但用人单位的规章制度不得违反法律法规规定。

【案情概要】

郭某于2011年12月29日入职某空调科技有限公司从事销售

工作，工作地点为南京。双方签订了期限自2014年12月29日起至2016年12月28日止的劳动合同。2016年4—7月，郭某每月月度考核任务完成率均不足30%，公司累计向其发出四次业绩警告信。2016年8月30日，公司以郭某"月度考核累计三次严重业绩警告，公司有权无偿辞退"为由，决定与郭某于2016年8月31日解除劳动合同，并分别向公司所在地工会及郭某邮寄了解除劳动合同通知函。

【争议焦点】

某空调科技有限公司解除与郭某的劳动关系是否符合法律规定。

【法院判决】

本案中，某空调科技有限公司的营销考核激励制度中关于劳动者多次未达到销售业绩目标，公司可单方与其解除劳动合同的相关规定，与《劳动合同法》中有关劳动者不能胜任工作，经过培训或者调整工作岗位，仍不能胜任工作的，用人单位提前30日以书面形式通知劳动者本人或者额外支付劳动者一个月工资后，可以解除劳动合同的规定相违背。本案中，某空调科技有限公司认为郭某未完成工作任务，多次向其发送警告信，虽称其对郭某进行了口头培训，但并未提供任何证据予以证明，本院对公司的上述主张不予采信。未对郭某进行过任何培训或岗位调整就作出解除劳动合同决定，不符合法定解除的条件，一审判决认定公司违法解除了与郭某的劳动合同并无不当，本院予以维持。

【法律风险防范要点】

《劳动合同法》赋予用人单位在"劳动者严重违反用人单位规章制度"的情形下解除劳动合同的权利,诸多用人单位通常会通过员工手册来规范员工的行为,但员工手册的内容必须让员工知悉并接受,且用人单位的规章制度不得违反法律法规的规定,这样做可以保证员工手册对员工具有约束性。同时,用人单位在作出解除劳动合同的决定时一定要符合法律的前置性规定,比如劳动者患病或非因工负伤,必须满足不能从事原工作且不能从事另行安排的工作;劳动者不能胜任工作的,应当经过培训或调整工作岗位。此外,合法解除劳动关系必须要有证据支撑,否则很容易被法院认定为违法解除。

(六)合法有效的员工手册是否可作为解除劳动合同的依据

 典型案例:潘某与上海某精密零件制造有限公司劳动合同纠纷案

审理法院:上海市闵行区人民法院

案号:(2016)沪0112民初29577号

【裁判要义】

若劳动者严重违反用人单位的劳动用工规定,用人单位可根据员工手册的规定解除劳动合同。

【案情概要】

潘某于2003年8月5日进入上海某精密零件制造有限公司(以下简称"某公司")处工作,2008年被调整为主管。

第二章
劳动合同纠纷法律风险防范及典型案例分析

2007年9月18日潘某签署员工责任书，内载："遵守国家法律规范、公司现行的各项管理制度（包括员工手册），以及公司日后正式修订下发的各项制度；……附：1. 公司管理制度；2. 员工手册；3. 奖惩制度。"其中，员工手册第七章第2条第2款第8项规定："不在外单位兼职，不从事影响本职工作和企业利益的任何活动，否则视为严重违反公司规章制度。"同条第5款第7项规定："不利用企业的技术和技术设备为其他企业或个人服务，否则将视为严重违反公司规章制度，由此给公司造成损失的，公司保留追偿的权利。"

2015年6月26日，潘某参加某公司关于机加工工作安排的会议，会议记录中载明："会议内容：……二、机加工工作纪律……② 工作时间不允许做私活等与工作无关内容，公司已发现在2014年到2015年年初机加工部有人在做私活，凡今后发现做私活的，一经查实，将按公司规章制度开除处理。"

2016年7月7日，公安机关对潘某进行询问，潘某陈述："今年6月20日左右，我朋友杨某在晚上9点多的时候，让我帮忙做一些零件，他说他急用，因为我和他关系比较好，他也没有办法，外面也搞不到WIDA（PG用的机器），我当时想他也不容易，以前在一起工作的时候也帮过我，所以我就答应了。然后，半夜的时候，他和我约在华宁路附近碰的面，给了我U盘，里面有图纸，总共有20多张图纸，一张一个零件。每个零件只要做一个就可以了。然后，我把这个事情和张某某、樊某某说了，说是帮杨某做的，没有钱的，他最多请我们吃顿饭，因为是帮朋友忙，愿意的话就帮个忙，不愿意就不做了，然后他们两个就同意了。""后来我就把图纸给了张某某，他把图纸打印盖章后，把图纸给了樊某某，然后他再叫我做的。我们干活都有公司领导监督的，所以这样操作的话，会比较正规一点。""我这里修了十几个零件。因为每个零件一个部门是没有办法完成的，我修之前是由 WhiteCut 部门把零件整体做出来，再交给我来修。""6月底的时候，一天下班之后，我把做好的零件在华宁路元江路给了杨某，给了他十几个零件。""都是用公司的钢板加工的，都很小的，10多个毫米。"

2016年7月8日，潘某书写检讨书，内载："本人因答应多年的朋友帮忙修一些特殊备件，因江湖义气，做出了对公司不利的影响，也危害了公司的利益。经过一夜的反省，我深刻认识到自己的错误，下次绝不再犯。多谢各位警官给我机会对我宽大处理，感激不尽！也恳请公司能网开一面，念我对公司十三年工作，再多给我一次机会。家有两个小孩，老婆没有工作，在家带小孩念书，家中还有年迈的父母。望请公司再多给我一次机会……"

某公司工会委员会于2016年7月22日召开会议，商讨关于公司对潘某等人严重违纪的处理意见。最终，5名工会委员中有3名委员同意对潘某等人以严重违纪开除，另2名工会委员弃权。

2016年7月25日，某公司向潘某送达解除劳动合同通知书，内载："潘先生，鉴于你于2016年6月下旬，由你牵线搭桥，伙同工艺工程师张某某等人接受外来图纸在公司内利用公司的设备和材料等资源进行私自加工，亲自参与制作，最终将加工好的零件带出公司交与他人。上述行为违反了《劳动合同法》相关规定，严重违反公司规章制度员工手册第七章第 2 条第 2 款第 8 项、第 5 款第 7 项，严重损害了公司的利益，给公司管理造成极恶劣的影响，公司决定于 2016 年 7 月 25 日单方面解除与你的劳动合同，不支付任何补偿金……"

【争议焦点】

某公司依据员工手册解除与劳动者的合同是否合法。

潘某主张该辞退决定不符合法律规定，要求某公司支付违法解除劳动合同赔偿金；某公司主张潘某不顾用人单位处的规章制度，严重违反劳动纪律，用人单位依法解除与潘某的劳动关系，故不同意支付违法解除劳动合同赔偿金。

【法院判决】

法院认为，劳动者应当完成劳动任务，提高职业技能，执行劳动安全卫生规程，遵守劳动纪律和职业道德。本案中，潘某存在伙同其他同事接受外来图纸在某公司内利用公司的设备和材料等资源进行私自加工，亲自参与制作，最终将加工好的零件带出公司交与他人之行为，上述行为违反了公司员工手册的相关规定。此外，潘某于 2015 年 6 月 26 日参加的关于机加工工作安排的会议中，某公司已经明确告知潘某，凡今后发现做私活的，一经查实，将按公司规章制度开除处理，然而潘某还是于 2016 年 6 月下旬作出上述行为。法院认为，该行为不仅严重违反了某公司处的规章制度，且已违背了作为劳动者最基本的职业道德。因此，某公司经工会同意后以潘某存在上述行为为由，解除与潘某的劳动关系，并无不当。

【法律风险防范要点】

《劳动合同法》第39条规定："劳动者有下列情形之一的，用人单位可以解除劳动合同：……（二）严重违反用人单位的规章制度的；……"对于什么是"严重违反用人单位的规章制度"，相关法律法规并未给予明确界定。用人单位一般都是通过制定员工手册或规章制度来确定。《劳动合同法》第4条第2、3、4款规定："用人单位在制定、修改或者决定有关劳动报酬、工作时间、休息休假、劳动安全卫生、保险福利、职工培训、劳动纪律以及劳动定额管理等直接涉及劳动者切身利益的规章制度或者重大事项时，应当经职工代表大会或者全体职工讨论，提出方案和意见，与工会或者职工代表平等协商确定。在规章制度和重大事项决定实施过程中，工会或者职工认为不适当的，有权向用人单位提出，通过协商予以修改完善。用人单位应当将直接涉及劳动者切身利益的规章制度和重大事项决定公示，或者告知劳动者。"根据上述法律法规规定，用人单位的员工手册或规章制度要被法院认定为解除劳动合同的依据，必须满足三个条件：其一，内容不违反法律法规的现行规定；其二，要通过民主程序制定，即经工会或者职工代表大会通过；其三，应当公示或者告知劳动者。

以严重违反公司纪律为由解除劳动合同，还有一个难点，即如何固定员工违反劳动纪律的证据。在本案中，某公司在依此解除劳动合同时，无论实体上还是程序上都非常严谨。即通过签署员工责任书，将员工手册作为劳动合同的附件，员工无法抗辩不知道员工手册的内容。会议记录进一步强化了相关制度的重要性。员工自己写的检讨书作为有效证据证明严重违反劳动纪律的事实。另外，借助第三方固定违反劳动纪律的事实，也是一种有效的方法，本案中，警方的询问笔录就是员工难以辩驳的证据。在实践中，常用的方法是可以借助公证机关固定相关的证据。此外，某公司在解除劳动合同之前，还专门征求了工会的意见。上述一系列扎实有效的工作，确保某公司在案件中完胜。

（七）用人单位客观情况发生重大变化，如何解除与劳动者的劳动合同

 典型案例：陈某与某矿山工程机械贸易公司劳动合同纠纷案

审理法院：上海市嘉定区人民法院

案号：（2017）沪0114民初1559号

【裁判要义】

用人单位在客观情况发生重大变化，且与劳动者未能就劳动合同变更事宜达成一致时，可以解除劳动合同。

【案情概要】

陈某与某矿山工程机械贸易公司签订了无固定期限劳动合同，约定公司生产经营发生变化致使陈某工作岗位或职务不存在时，公司有权调整陈某的工作岗位及工作地点等。2016年年初，某矿山工程机械贸易公司所属集团总部根据公司生产经营发生重大变化的实际情况，决定在全球范围内进行组织架构的调整，将集团公司下

属工程机械事业部、矿山事业部撤销，成立矿山和岩石技术部，陈某所在部门和工作岗位被撤销。某矿山工程机械贸易公司向陈某提供安置方案，陈某未在规定时间内作出选择。公司再与陈某协商安排其至乌鲁木齐工作，陈某仍未同意。公司经与陈某协商一个月仍然无果后，以客观情况发生重大变化，经协商未果为由，解除与陈某的劳动合同，并依法向陈某支付经济补偿金。

【争议焦点】

在劳动合同所依据的客观情况发生重大变化时，劳动者与用人单位如何解除双方之间的劳动合同。

本案中，陈某主张其长期居住在上海市嘉定区，某矿山工程机械贸易安排其常驻乌鲁木齐不合理；工作岗位及工作地点变更实质上是变相辞退，因此陈某要求公司支付违法解除劳动合同赔偿金。某矿山工程机械贸易公司主张其组织架构发生重大变化，且与陈某协商未果，解除劳动合同合法。

【法院判决】

法院认为，根据《劳动合同法》的规定，劳动合同订立时所依据的客观情况发生重大变化，致使劳动合同无法履行，经用人单位与劳动者协商，未能就变更劳动合同内容达成协议的，用人单位可以解除劳动合同。本案中，某矿山工程机械贸易公司的组织架构确实发生重大改变，经与陈某协商一个月仍然无果后，公司以客观情况发生重大变化，经协商未果为由，解除与陈某的劳动合同，并依法向陈某支付经济补偿金，不违反法律规定，应确认有效。

第二章
劳动合同纠纷法律风险防范及典型案例分析

【法律风险防范要点】

本案的主要法律依据是《劳动合同法》第 40 条，该条规定："有下列情形之一的，用人单位在提前三十日以书面形式通知劳动者本人或者额外支付劳动者一个月工资后，可以解除劳动合同：（一）劳动者患病或者非因工负伤，在规定的医疗期满后不能从事原工作，也不能从事由用人单位另行安排的工作的；（二）劳动者不能胜任工作，经过培训或者调整工作岗位，仍不能胜任工作的；（三）劳动合同订立时所依据的客观情况发生重大变化，致使劳动合同无法履行，经用人单位与劳动者协商，未能就变更劳动合同内容达成协议的。"

该条主要是规范无过失性辞退，即在劳动合同的履行过程中，发生了双方都无法预料的客观情况，致使劳动合同无法履行从而解除劳动合同。该条前两项规定得比较明确，第三项规定的"劳动合同订立时所依据的客观情况发生重大变化"中的"客观情况"是指，发生不可抗力或出现致使劳动合同全部无效或部分条款无法履行的其他情况，如企业迁移、被兼并以及企业资产转移等，并且排除用人单位濒临破产进行法定整顿期间和生产经营状况发生严重困难的客观情况。但值得注意的是，这种客观情况发生时，双方的劳动合同并不当然解除，用人单位必须履行一定的协商变更程序，只有在双方未能就变更劳动合同达成一致的情况下，用人单位才能再依法解除劳动合同。

在本案中，劳动者的工作地点从上海改变为乌鲁木齐，这个工作地点的变更显得不尽合理，大多数劳动者都无法接受。但是，用人单位确因公司架构进行调整，原上海的工作岗位已经不存在，且用人单位与劳动者也已经经过充分的协商阶段，但无法达成一致意见。在这种情况下，用人单位可合法解除劳动合同。

（八）用人单位如何举证客观情况发生重大变化

典型案例：某空气化工产品公司诉李某经济补偿金纠纷案

审理法院：上海市第一中级人民法院

案号：（2018）沪01民终107号

【裁判要义】

用人单位因客观情况发生重大变化致使劳动合同无法继续履行而解除合同，其中客观情况应当到了必须解除劳动合同的严重程度。

【案情概要】

李某于2010年10月11日至某空气化工产品公司亚洲项目控制部门工程师岗位工作，双方签有自2016年1月1日起的无固定期限劳动合同。2017年3月14日前后，李某收到某空气化工产品公司发出的解除劳动合同通知书，内载："现因劳动合同订立时所依据的客观情况发生重大变化致使劳动合同无法继续履行，经双方协商未能就变更劳动合同达成协议，故根据《劳动合同法》第四十条第三项的规定，公司决定从2017年3月14日起正式解除劳动合同。"某空气化工产品公司已支付李某解除劳动合同经济补偿金和代通金合计137225元。2017年5月10日，上海市劳动人事争议仲裁委员会受理涉案仲裁申请，李某要求某空气化工产品公司支付违法解除劳动合同赔偿金差额94396元，后获得了仲裁支持。某空气化工产品公司不服仲裁裁决，向法院提起诉讼。

【争议焦点】

某空气化工产品公司解除李某劳动合同的行为是否合法。

【法院判决】

本案中，某空气化工产品公司以"客观情况发生重大变化致使劳动合同无法继续履行"为由解除与李某的劳动合同。然而，某空气化工产品公司在一审时所提供的证据未得到李某认可，二审时公司陈述李某所在的计划团队还在，该团队的其他员工仍正常工作，均不能证明公司所称的客观情况到了必须解除劳动合同的严重程度。另外，某空气化工产品公司也没有证据证明公司与李某进行过变更劳动合同的协商。据此，某空气化工产品公司所称的解除与李某劳动合同的理由不能成立，构成违法解除，应向李某支付违法解除劳动合同的赔偿金。二审中，某空气化工产品公司对于一审判决所认定的赔偿金的差额本身并无异议，本院予以确认。

【法律风险防范要点】

本案和上一个案件中，用人单位都是援引《劳动合同法》第40条第3项，即劳动合同订立时所依据的客观情况发生重大变化，致使劳动合同无法履行，经用人单位与劳动者协商，未能就变更劳动合同内容达成协议的，可以解除劳动合同。但两个案件的结果迥异,原因是两者在是否能证明客观情况发生重大变化上面存在差异。本案中,某空气化工产品公司主张公司客观情况发生重大变化,但原来公司的组织架构仍然在运行,其无法证明劳动合同已经无法履行,也没有证据证明双方有过协商的程序。对此,建议用人单位在援引《劳动合同法》这一条来解除劳动合同的时候必须慎重,要能够充分证明客观情况的变化足以导致劳动合同无法继续履行的同时经过协商仍然不能达成一致。

（九）用人单位作出解除劳动合同的决定应负举证责任

典型案例1：某管理咨询（上海）有限公司与谭某劳动合同纠纷案

审理法院：上海市静安区人民法院

案号：（2016）沪0106民初18934号

【裁判要义】

因用人单位作出的开除、除名、辞退、解除劳动合同、减少劳动报酬、计算工作年限等决定而发生的劳动争议,用人单位负举证责任。

【案情概要】

谭某（"被告"）于2015年11月23日入职某管理咨询（上海）有限公司（"原告公司"或"原告"）,担任前台一职,月工资为8000元,双方签订了期限为2015年11月23日至2018年11月22日的劳动合同,其中约定被告工作岗位为行政专员。2016年4月15日,原告向被告发出终止劳动合同通知书,通知书载明："现因下列情形，本公司决定于 2016 年 4 月 29 日与您终止劳动合同：严重违反公司制度包括，但不限于：1. 违反公司员工手册或其他制度的规定（如未按照公司规定递交请假申请，且无故迟到早退）；2. 欺诈、盗窃和擅自篡改记录，其中包括提交虚假医疗证明或通过不正当手段获取医疗证明（如刻意欺瞒真实请假事由）；3. 无法多次或连续有效工作及工作绩效达不到要求（如因未达到岗位要求，在试用期结束后延期一个月）；4. 多次无正当理由旷工；5. 违反劳动合同，其中包括工作中多次出错、影响公司正常运作，但口头警告后并未引起重视，已被证明不能继续胜任工作岗位。"双方劳动合同于 2016 年 4 月 29 日解除，被告工资发放至 2016 年 4 月 29 日。2016 年 6 月 8 日，被告向上海市静安区劳动人事争议仲裁委员会申请仲裁，要求双方恢复劳动关系。2016 年 7 月 25 日，该仲裁委员会作出裁决，裁决原告于裁决书生效之日起与被告恢复劳动关系。2016 年 11 月 24 日，被告之子出生。

【争议焦点】

原、被告之间是否应当恢复劳动关系。

原告认为原、被告之间不应恢复劳动关系。理由如下：被告在职期间数次无故旷工，经公司人事及其直属领导警告仍无济于事。原告根据公司章程的规定于 2016 年 4 月 15 日向被告发出了终止劳动合同通知书。被告收到该通知书后才告知原告自己已怀孕的事情，原告得知此情况后多次与被告沟通协商。双方于 2016 年 4 月 20 日签订了劳动合同终止协议书，双方劳动关系解除后，原告又招录了新的前台，原告公司只需一名前台，现被告岗位已有人替代，劳动关系客观上也无法恢复。

被告认为原、被告之间应当恢复劳动关系。理由如下：第一，2016年4月15日，原告向被告发出终止劳动合同通知书称被告无故旷工没有依据。旷工统计单系原告单方制作，没有和被告确认过，被告也从未收到旷工警告邮件，也没有因旷工而被扣过工资。通知书上写了五种理由，包含欺诈、盗窃等，并不是单指原告庭审中所陈述的旷工。因此，原告以旷工为由解除与被告的劳动合同是缺乏依据的。第二，被告没有签订过原告所称2016年4月20日双方所签订的劳动合同终止协议书。原告提供的录音被告予以确认，但该录音内容无法证明原、被告签订过原告所称的终止协议书。第三，2016年4月6日被告去医院检查已怀孕。被告要求恢复劳动关系，如原告无前台岗位可提供，同意在工资不变的情况下，调到其他岗位。

【法院判决】

法院经审理后认为，根据法律规定，因用人单位作出的开除、除名、辞退、解除劳动合同、减少劳动报酬、计算工作年限等决定而发生的劳动争议，用人单位负举证责任。本案中，原告主张双方系协商解除劳动合同，并于2016年4月20日签订过终止协议书。然而，终止协议书仅有复印件，原告所提供的双方谈话录音，从其内容来看，无法证明双方系协商解除劳动合同并确实签订过终止协议书。庭审中，原告又提出，即使协商解除不能确认，由于被告存在四次旷工，原告于 2016 年 4 月 15 日向被告发送过终止劳动合同通知书。然而，就旷工的事实而言，原告举证的旷工统计表未经被告签字确认，原告作为用人单位也未就数次旷工履行过警示、提醒的管理义务，更未就旷工扣过被告工资。因此，被告旷工的解除理由难以成立。再者，用人单位解除劳动合同的理由必须明确、具体、固定，原告 2016 年 4 月 15 日的终止劳动合同通知书列举了五项违纪事由，但均未提供证据予以证明。综上，本院认定，原告系违法解除与被告的劳动合同。用人单位违反《劳动合同法》的规定解除或者终止劳动合同，劳动者要求继续履行劳动合同的，用人单位应当继续履行。现被告要求从 2016 年 4 月 30 日起双方恢复劳动关系，符合法律规定。

典型案例2：黄某与某管理公司确认劳动关系纠纷案

审理法院：上海市第二中级人民法院

案号：（2018）沪 02 民终 582 号

【裁判要义】

因用人单位作出的开除、除名、辞退、解除劳动合同、减少劳动报酬、计算劳动者工作年限等决定而发生的劳动争议，用人单位负举证责任。

【案情概要】

2015 年 11 月 16 日，黄某与某管理公司签订了 2015 年 11 月 16 日起至 2017 年 11 月 15 日止的劳动合同。合同约定，某管理公司聘用黄某在媒介部门领导岗位工作，月基本工资参看聘用函或薪资调整通知中的相关约定。工资中已包含各项法定或中国政府所规定的各类补助、补贴、津贴。2016年12月，黄某月薪调整为70800元。后某管理公司收到××公司称其员工收受宴请与贿赂的举报信。2017年4月25日，某管理公司向黄某发出解除劳动合同通知书，载明："……根据我司的调查，我们相信你存在违反我司行为操守和文化要求的行为。根据我司《员工纪律》中的规定，此行为属于严重违反我司规章制度，可导致立即解雇。由于您的行为属于严重违纪行为，经过慎重考虑，我司特致本函通知您如下事项：根据《员工手册》、劳动合同9.4第2条以及《中华人民共和国劳动合同法》第三十九条第二项之规定，我司于2017年4月25日解除我司与您的劳动合同而无须向您支付任何经济补偿。"某管理公司为黄某出具了2015年11月16日入职、2017年4月25日合同解除的上海市单位退工证明。

【争议焦点】

某管理公司解除与黄某的劳动合同的行为是否合法。

【法院判决】

因用人单位作出的开除、除名、辞退、解除劳动合同、减少劳动报酬、计算劳动者工作年限等决定而发生的劳动争议，用人单位负举证责任。根据某管理公司《员工手册》的规定，违法、违反道德及行为操守及其他严重违反公司规章制度的行为可立即解除劳动合同，其中包括"在业务活动中行贿或收受贿赂；投机取巧，隐瞒蒙骗，谋取非法利益"等情形。黄某在承诺书上签字，确认其已经阅读《员工手册》并承诺遵守，表明其知晓上述规定。即便按照黄某确认并提供的行为守则，其中亦规定："对于与本公司有业务往来或寻求与本公司进行业务往来，或与本公司有竞争的任何个人、组织或政府官员，请勿赠与或从其那里接受任何种类的礼品、款待、恩惠、服务、款项或特殊待遇，除非这样做是合法的、道德的并且符合良好的商业惯例。就一般规定而言，避免与可能影响或左右您的良好业务决策能力的客户、供货商、政府雇员或其他商业伙伴建立任何关系。赠与或接受价值超过100美元的礼品、款待或其他酬金，必须得到上级主管的同意。"某管理公司制定相应的行为指导原则，目的在于鼓励员工遵守个人与商业诚信，黄某理应遵守。本案中，某管理公司主张黄某接受客户宴请、收受手机等行为严重违反公司的规章制度，而黄某则主张其行为属于正当的商务行为，手机也属于请人代购，并支付了相应的价款。双方当事人对各自主张提供了相应的证据，从证据的证明力来看，某管理公司所提供的证据与其待证事实之间存在关联，其证明力充分地反映了事实真相。而黄某没有充分的证据证明手机系代购，手机价款已归还的事实，并且在公司对于礼品、酬金、款待等有相应规定的前提下，黄某作为企业营销高级负责人，针对业务客户的相关款待，应审慎处理，不应以人员众多为由参与客户的相关宴请及其他不合适的娱乐活动，避免不当行为。因此，根据查明的事实，黄某在明知公司规章制度的情况下，仍实施与规章制度相悖的行为，显属不当，构成违反规章制度的严重违纪。某管理公司为维护企业正常经营活动，教育广大员工遵纪守法，对黄某作出了解除劳动合同的决定，符合法律规定。黄某上诉坚持要求某管理公司恢复劳动关系及支付工资缺乏事实与法律依据，本院不予支持。

【法律风险防范要点】

　　法院在案件审理中的重要目标是查清事实，而事实是需要证据来支持的。负有举证责任的一方应该承担举证责任不能的不利法律后果。在普通的案件审理中，举证责任的原则是"谁主张，谁举证"。但在劳动案件中，法律明确规定有些劳动纠纷由用人单位承担主要的举证责任。例如，因用人单位作出的开除、除名、辞退、解除劳动合同、减少劳动报酬、计算工作年限等决定而发生的劳动争议，用人单位负举证责任。这是由在劳动关系中劳动者和用人单位的不对等地位所决定的，而且有些证据只能公司提供，如考勤表。在本部分典型案例 1 中，用人单位作出了解除劳动合同的决定，但无论是旷工还是协商解除，都不能提供有效的证据，案件败诉也是情理之中。在本案中，用人单位的证据证明力明显强于劳动者，因此取得了胜诉。

第三章

竞业限制纠纷法律风险防范及典型案例分析

第一节 竞业限制纠纷概述

当今,以人才为导向的技术型企业不断增加,市场主体对人才的争夺日益激烈,现行劳动合同法框架下,劳动者自由择业、自主选择的空间很大,因此,人才流动频率加快,也不乏企业间不正当的竞争,如何在保护用人单位的商业秘密权和劳动者择业权之间寻求平衡点成为难点。当掌握了用人单位商业秘密的人员离职后,如果不能很好地规制和跟踪,将会给用人单位带来重大损失。因此,越来越多的企业为了维护企业利益开始重视对员工离职作出竞业限制。有关竞业限制的纠纷近年来呈上升趋势,如何平衡劳动者的自主择业权与用人单位的利益,也是司法实践领域热议的话题。与其他劳动争议案件数量相比,竞业限制纠纷案件数量并不算多,很大程度上是因为根据法律规定竞业限制的人员限于用人单位的高级管理人员、高级技术人员和其他负有保密义务的人员，实践中通常称为"两高一密"，与普通的劳动争议相比，竞业限制纠纷案件涉及的劳动者范围要小得多。

我国《劳动合同法》对竞业限制的规定体现在第 23 条和第 24 条。第 23 条规定："用人单位与劳动者可以在劳动合同中约定保守用人单位的商业秘密和与知识产权相关的保密事项。对负有保密义务的劳动者，用人单位可以在劳动合同或者保密协议中与劳动者约定竞业限制条款，并约定在解除或者终止劳动合同后，在竞业限制期限内按月给予劳动者经济补偿。劳动者违反竞业限制约定的，应当按照约定向用人单位支付违约金。"第 24 条规定："竞业限制的人员限于用人单位的高级管理人员、高级技术人员和其他负有保密义务的人员。竞业限制的范围、地域、期限由用人单位与劳动者约定，竞业限制的约定不得违反法律、法规的规定。在解除或者终止劳动合同后，前款规定的人员到与本单位生产或者经营同类产品、从事同类业务的有竞争关系的其他用人单位，或者自己开业生产或者经营同类产品、从事同类业务的竞业限制期限，不得超过二年。"

对于实践中出现的有关竞业限制纠纷，最高人民法院在《最高人民法院关于审理劳动争议案件适用法律若干问题的解释（四）》中作了详尽的解释。该解释第 6 条主要规范了竞业补偿的标准，该条规定："当事人在劳动合同或者保密协议中约定了竞业限制，但未约定解除或者终止劳动合同后给予劳动者经济补偿，劳动者履行了竞业限制义务，要求用人单位按照劳动者在劳动合同解除或者终止前十二个月平均工资的30%按月支付经济补偿的,人民法院应予支持。前款规定的月平均工资的30%低于劳动合同履行地最低工资标准的,按照劳动合同履行地最低工资标准支付。"该解释第7条为保护劳动者的权益,对于劳动者要求经济补偿提供了保障。该条规定:"当事人在劳动合同或者保密协议中约定了竞业限制和经济补偿,当事人解除劳动合同时,除另有约定外,用人单位要求劳动者履行竞业限制义务,或者劳动者履行了竞业限制义务后要求用人单位支付经济补偿的,人民法院应予支持。"另外,该解释分别规范了劳动者和用人单位解除竞业限制协议的条件和程序。第8条规定:"当事人在劳动合同或者保密协议中约定了竞业限制和经济补偿,劳动合同解除或者终止后,因用人单位的原因导致三个月未支付经济补偿,劳动者请求解除竞业限制约定的,人民法院应予支持。"第9条规定:"在竞业限制期限内,用人单位请求解除竞业限制协议时,人民法院应予支持。在解除竞业限制协议时,劳动者请求用人单位额外支付劳动者三个月的竞业限制经济补偿的,人民法院应予支持。"此外,该解释第10条规定了劳动者的违约责任。该条规定:"劳动者违反竞业限制约定,向用人单位支付违约金后,用人单位要求劳动者按照约定继续履行竞业限制义务的,人民法院应予支持。"

第二节　竞业限制纠纷法律风险防范要点及典型案例分析

一、解除竞业限制义务应明确表示

典型案例：某投资公司与周某竞业限制纠纷案

审理法院：上海市嘉定区人民法院

案号：（2017）沪0114民初5012号

【裁判要义】

对负有保密义务的劳动者，用人单位可以在劳动合同或者保密协议中与劳动者约定竞业限制条款，并约定在解除或者终止劳动合同后，在竞业限制期限内按月给予劳动者经济补偿。用人单位解除劳动合同时，如同时免除员工竞业限制义务应明确表示。

【案情概要】

2015年3月2日，周某进入某投资公司工作，双方签订了期限自2015年3月2日至2018年3月1日的劳动合同、岗位聘用书，约定周某担任成本分析师，月基本工资13500元，每月另有交通补贴和PTF补贴1500元，总计15000元。同日，双方签订了《商业秘密、知识产权、非竞争协议》，约定周某同意接受协议条款的约定并保证在合同期满、解除或终止之后两年内，除非某投资公司同意，不得经营或者为他人经营与某投资公司有任何竞争的业务，作为对价，某投资公司在与周某终止或解除劳动合同后，给予周某一定的经济补偿。该协议作为劳动合同附件。2015年11月26日，某投资公司向周某发出劳动合同解除通知，载明：某投资公司于2015年11月26日与周某解除劳动合同；自解除之日起周某不再享有或承担劳动合同项下之任何职权、职责或义务（除有关保密义务、知识产权义务及禁止招揽义务以外）。2016年10月17日，周某向上海市劳动人事争议仲裁委员会申请仲裁，要求某投资公司按每月4500元的标准支付2015年11月27日至仲裁裁决作出之日的竞业限制经济补偿金。2016年12月20日，该仲裁委员会作出裁决，某投资公司应支付周某2015年11月27日至仲裁裁决作出之日的竞业限制经济补偿金57724.2元。

【争议焦点】

某投资公司是否应当向周某支付竞业限制经济补偿金。

某投资公司要求判决公司不予支付周某2015年11月27日至2016年12月20日间竞业限制经济补偿金57724.2元。理由如下：周某于2015年3月2日进某投资公司担任成本分析师一职。因周某在职期间泄露公司商业秘密及违反劳动纪律，公司于2015年11月26日解除与周某的劳动合同，并告知周某解除劳动合同后无须履行竞业限制义务。另外，周某是连×公司董事，且周某还于2016年1月15日成立了米×公司，两公司的经营范围与某投资公司重合，周某违反了竞业限制义务，因此，某投资公司无须向周某支付竞业限制经济补偿金。

周某认为某投资公司应支付竞业限制经济补偿金。理由如下：某投资公司在解除劳动合同通知中没有告知周某解除了竞业限制义务，双方在知识产权保密协议中约定了周某在劳动关系终止后的竞业限制义务。周某成立的公司所从事的是纺织品行业，与某投资公司经营的精密机械不属于同业竞争。

【法院判决】

法院经审理后认为，首先，某投资公司与周某签订的《商业秘密、知识产权、非竞争协议》约定，周某同意接受协议条款的约定并保证在合同期满、解除或终止之后两年内，除非某投资公司同意，不得经营或者为他人经营与某投资公司有任何竞争的业务，作为对价，某投资公司在与周某终止或解除劳动合同后，给予周某一定的经济补偿。即双方签订的"非竞争协议"约定，双方解除劳动关系后两年内，周某不得到与某投资公司存在竞争关系的单位工作。某投资公司于2015年11月26日在解除与周某劳动合同的通知中向周某明确：自解除之日起周某不再享有或承担劳动合同项下之任何职权、职责或义务（除有关保密义务、知识产权义务及禁止招揽义务以外）。针对"非竞争协议"中未使用过的"禁止招揽"一词，某投资公司在仲裁时表示某投资公司的劳动合同解除通知为标准模板，"禁止招揽"义务是某投资公司的《商业秘密、知识产权、非竞争协议》更新版本后所包含的内容。由此表明，某投资公司在解除与周某的劳动合同时，并没有向周某明确免除其竞业限制义务，周某仍应自解除之日起两年内履行竞业限制义务。其次，工商登记材料显示，某投资公司主要从事协助或代理其所投资的企业从国内外采购该企业自用的机器设备、办公用品和生产所需的原材料、元器件、零部件以及在国内外销售其所投资企业生产的产品，并提供售后服务等，因此，某投资公司属于投资类企业，不属于汽车零部件制造行业。米×公司主要从事货物及技术的进出口业务、纺织品的销售等，而连×公司属于机械加工类行业，因此，某投资公司与米×公司、连×公司不存在经营范围重合的同行业竞争的关系，表明周某离职后经营米×公司和担任连×公司股东，并没有违反竞业限制义务。最后，某投资公司于2016年12月30日向周某明确免除周某可能负有的竞业限制义务，因此，某投资公司仍应支付周某之前履行竞业限制义务的经济补偿金，故某投资公司要求判决不予支付周某2015年11月27日至2016年12月20日间竞业限制经济补偿金的请求，尚无相应的事实及法律依据，法院难以支持。

【法律风险防范要点】

实践中，很多企业为保护自己的商业秘密，会与员工签署竞业限制协议。该协议是劳动合同的附件，对双方均有约束力。由于竞业限制是限制员工离职后的义务，所以该协议并不因劳动合同的解除而自动终止。如果企业与员工签订了竞业限制协议，在与员工解除劳动合同的时候，并不想支付竞业限制的对价或者认为该员工无竞业限制的必要，企业必须明确告知员工双方的竞业限制协议也同时解除。在本案中，周某的劳动合同中用了一个非常模糊的表述，即自解除之日起周某不再享有或承担劳动合同项下之任何职权、职责或义务（除有关保密义务、知识产权义务及禁止招揽义务以外），该模糊用语未被法院认定为明确解除双方的竞业限制协议。建议企业在解除竞业禁止协议的时候必须明确，最好双方有正式签署的解除竞业禁止的协议。另外，如果在竞业禁止期内，企业要解除竞业禁止协议，也必须遵守相关的程序。《最高人民法院关于审理劳动争议案件适用法律若干问题的解释（四）》第9条规定："在竞业限制期限内，用人单位请求解除竞业限制协议时，人民法院应予支持。在解除竞业限制协议时，劳动者请求用人单位额外支付劳动者三个月的竞业限制经济补偿的，人民法院应予支持。"因此，在竞业限制期限内，企业最好通过协议的方式终止双方的禁业限制协议，不能单方面通知解除或者单方面停止发放竞业限制经济补偿金。

二、如何明确劳动合同解除后竞业限制协议的效力

 典型案例：刘某诉某粉末涂料公司纠纷案

审理法院：江苏省苏州市中级人民法院

案号：（2018）苏05民终3149号

【裁判要义】

劳动合同中约定了竞业限制条款或者劳动合同期间签订了竞业限制协议的，在解除劳动合同时，双方可明确约定是否继续履行竞业限制协议。

【案情概要】

刘某于 2016 年 4 月 12 日进入某粉末涂料公司处从事高级化学师工作，双方签订了劳动合同，期限自 2016 年 4 月 12 日起至 2019 年 4 月 30 日止。入职当日，刘某与某粉末涂料公司还签订了《保密与竞业限制协议》。同年 7 月 12 日，刘某最后一天向某粉末涂料公司提供劳动。次日，刘某办理了离职手续，某粉末涂料公司出具了离职手续表。刘某处留存的离职手续表载明解除合同日期为 2016 年 7 月 12 日，离职方式为试用期不合格；该表还载明办理离职手续时各经办部门及事项，并由各部门承办人签字。某粉末涂料公司将离职手续表复印件交与刘某后，将"竞业协议"一栏中的"不适用"选项前的"√"涂划，另勾选了"不履行"。2017 年 7 月，刘某以未收到竞业限制补偿费为由与某粉末涂料公司人事部门进行交涉，某粉末涂料公司人事回复刘某在其离职时已告知其无须履行竞业限制义务。

【争议焦点】

离职手续表中的声明是否系无效格式条款。

【法院判决】

刘某提供的离职手续表复印件显示，公司人力资源与行政部主管在"竞业协议"一栏中勾选"不适用"并签字确认，同时在该栏下方明确载明"在劳动合同解除或终止时，若公司未书面通知员工应该履行竞业限制条款，则视为员工不需履行"的声明内容。刘某在该表右下方处签字，应当认定其对上述表格内容清楚知晓并不持异议。无论公司是否勾选错误，根据上述勾选"不适用"及下方的备注内容，可以推定某粉末涂料公司的真实意思是刘某无须实际履行《保密与竞业限制协议》。刘某上诉称其认为应当理解为"双方已有合法有效的协议，应按协议约定履行，所以离职时不需重复约定，所以不适用"，该理解显然与勾选栏下方文字内容含义相悖，亦与"不适用"的字面意思相悖，故本院不予采信。综上，根据刘某提供的离职手续表复印件，以一般常理对"不适用"的解释并不存有歧义，故某粉末涂料公司提交的原件中"不履行"是否系离职当场勾选，不影响本案的审理，因此，对于刘某二审中提出勾选时间司法鉴定的申请本院不予同意。综上所述，某粉末涂料公司在刘某办理离职手续时已明确刘某无须履行竞业限制协议，故刘某上诉要求某粉末涂料公司支付竞业限制经济补偿金的主张，依据不足，本院不予支持。

【法律风险防范要点】

本案提出了一个非常有意思的问题：竞业限制协议是双方协商一致签订的，那么在劳动合同解除时，用人单位是否可以单方面决定是否继续履行已经签署的合法有效的协议？《最高人民法院关于审理劳动争议案件适用法律若干问题的解释（四）》第9条只是规定了在竞业限制期限内，用人单位请求解除竞业限制协议时，人民法院应予支持。但该条并未明确在解除劳动合同时，用人单位是否可以单方面决定竞业限制协议的效力。从一般法理理解，竞业限制协议是双方协商一致达成的，如果解除其效力，也应该双方协商一致。为避免发生类似争议，建议用人单位在解除劳动合同时一并解除劳动者的竞业限制义务，采用协议的方式或者让劳动者在相关表格或者文件签字确认其同意解除竞业限制协议。

三、用人单位是否可要求劳动者举证证明其已履行竞业限制协议

典型案例：张某诉某国际贸易有限公司竞业限制纠纷案

审理法院：上海市第一中级人民法院

案号：（2018）沪01民终2127号

【裁判要义】

用人单位与劳动者可以在劳动合同中约定保守用人单位的商业秘密和与知识产权相关的保密事项。对负有保密义务的劳动者，用人单位可以在劳动合同或者保密协议中与劳动者约定竞业限制条款，并约定在解除或者终止劳动合同后，在竞业限制期限内按月给予劳动者经济补偿金。劳动者违反竞业限制约定的，应当按照约定向用人单位支付违约金。

【案情概要】

张某于2011年4月11日进入某国际贸易有限公司工作，担任西南区销售经理，负责健身器材销售，某国际贸易有限公司、张某于2011年4月11日签订了《保密和不竞争协议》。2016年5月13日，某国际贸易有限公司、张某签订《离职协议书》。该协议书第1条约定，双方确认劳动合同于2016年5月13日解除；第6条约定，基于张某的辞职行为，某国际贸易有限公司无须支付张某任何离职经济补偿金；第 7 条约定，张某离职后仍应严格履行双方劳动合同及《保密和不竞争协议》中约定的保密义务和竞业限制义务，双方确认张某离职后履行竞业限制的期限为 18 个月。2017 年 3 月 2 日，某国际贸易有限公司向张某发函：2016 年 5 月 14 日至 2017 年 1 月 31 日期间，张某自称未在任何公司工作，某国际贸易有限公司多次要求张某提供失业证明或社保封存记录等相关证明，但张某未提供。2017 年 1 月 16 日，A 公司成立，注册资金 500 万元，张某系该公司股东，出资比例为 50%，自该公司成立时起张某担任执行（常务）董事、总经理及法定代表人。

【争议焦点】

（1）《保密和不竞争协议》是否可以对张某适用；（2）张某设立 A 公司的行为有无违反竞业限制义务。

【法院判决】

张某在离职后设立与某国际贸易有限公司经营范围有重合的 A 公司，并担任该公司的执行（常务）董事、总经理及法定代表人，显然违反了双方签订的《保密和不竞争协议》《离职协议书》。虽然张某抗辩主张其是基于信赖某国际贸易有限公司会与其合作才设立了 A 公司，并提供了其与某国际贸易有限公司董事 G 某、员工方某的微信、邮件，但从该微信及邮件的内容来看，仅能证明双方曾就张某居间销售某国际贸易有限公司产品一事进行过磋商，并不能反映出 G 某和方某已授权张某可设立与某国际贸易有限公司有竞争关系的公司或已免除张某的竞业限制义务。在某国际贸易有限公司明确要求张某离职后需每月提供履行竞业限制义务的相应证明材料才能支付其竞业限制补偿金的前提下，张某对于设立与某国际贸易有限公司有竞争关系的公司这一明显违反竞业限制义务的重大事项，显然应尽到更为审慎的义务，只有在明确得到某国际贸易有限公司的许可后方可为之。而G某和方某均未作出这样的许可，且张某成立A公司是在其与G某、方某磋商数月之后，张某也未提供证据证明其联系的相关项目在该段期间已有实质性进展以及成立A公司的必要性。

【法律风险风范要点】

在竞业限制期间，用人单位有义务支付劳动者经济补偿金，但用人单位并不能实时掌握劳动者是否遵守竞业限制协议，因此用人单位可要求劳动者离职后需每月提供履行竞业限制义务的相应证明材料才支付其竞业限制经济补偿金。

四、以格式条款方式签署的竞业限制协议发生争议，应该如何解释

典型案例：范某与某日用品有限公司韶关分公司侵犯商业秘密竞业限制纠纷案

审理法院：广东省韶关市中级人民法院

案号：（2014）韶中法民一终字第285号

【裁判要义】

根据《合同法》第41条有关格式条款的规定，范某与某日用品有限公司韶关分公司对竞业限制条款有不同的解释，应当作出对提供条款一方即某日用品有限公司韶关分公司不利的解释。

【案情概要】

范某于 2010 年 4 月 1 日进入某日用品有限公司韶关分公司工作，任业务部职员，双方并于同日签订劳动合同，合同期限为 2010 年 4 月 1 日至 2012 年 3 月 31 日。合同期满后，某日用品有限公司韶关分公司于 2012 年 3 月 31 日与范某办理了终止劳动合同手续。在办理终止劳动合同手续的同时，某日用品有限公司韶关分公司要求范某签订离职注意事项，该离职注意事项第 4 条规定："在与某日用品有限公司结束劳动合同关系后的一年内，您不得加入与公司有竞争关系的同类型企业任职或从事类似工作，以防止不正当竞争。"第 5 条规定："对于以上内容，希望您能够积极配合。如有违反，某日用品有限公司将保留追究法律责任的权利。"范某与某日用品有限公司韶关分公司终止劳动合同后，一直在家待业，直到 2012 年 10 月 16 日入职韶关市某文化传媒有限公司。2013 年 8 月 20 日，范某向韶关市浈江区劳动人事争议仲裁院申请劳动仲裁，以已履行离职注意事项中的竞业限制条款为由，要求某日用品有限公司韶关分公司按每月 3344 元向范某支付竞业限制补偿款 40128 元。该仲裁院于 2013 年 10 月 31 日向范某送达韶浈劳人仲案字（2013）151 号仲裁裁决书，以范某的请求超过仲裁时效为由，驳回了范某的仲裁请求。

【争议焦点】

某日用品有限公司韶关分公司与范某之间签订的竞业限制约定

是否有效，某日用品有限公司韶关分公司是否应向范某支付竞业限制经济补偿金。

【法院判决】

《广东省高级人民法院、广东省劳动争议仲裁委员会关于适用〈劳动争议调解仲裁法〉、〈劳动合同法〉若干问题的指导意见》第26条第1款规定："用人单位与劳动者约定竞业限制的，应当在竞业限制期限内依法给予劳动者经济补偿，用人单位未按约定支付经济补偿的，劳动者可要求用人单位履行竞业限制协议。至工作交接完成时，用人单位尚未承诺给予劳动者经济补偿的，竞业限制条款对劳动者不具有约束力。"该指导意见于2008年下发，在法律法规未有明确规定的情况下可以参照实施。但在《最高人民法院关于审理劳动争议案件适用法律若干问题的解释（四）》第6条第1款对此有不同规定时，显然不能再参照该意见处理。该解释第6条第1款规定："当事人在劳动合同或者保密协议中约定了竞业限制，但未约定解除或者终止劳动合同后给予劳动者经济补偿，劳动者履行了竞业限制义务，要求用人单位按照劳动者在劳动合同解除或者终止前十二个月平均工资的30%按月支付经济补偿的，人民法院应予支持。"该规定于2013年1月18日公布，并于2013年2月1日起施行。在相关司法解释对上述情况已有规定的情况下，应当适用司法解释的相关规定，而不再参照广东省高级人民法院的指导性意见。同时，离职注意事项是某日用品有限公司韶关分公司提供的格式合同，根据《合同法》第41条的规定，即"对格式条款的理解发生争议的，应当按照通常理解予以解释。对格式条款有两种以上解释的，应当作出不利于提供格式条款一方的解释。格式条款和非格式条款不一致的，应当采用非格式条款"，范某与某日用品有限公司韶关分公司对竞业限制条款有不同的解释，应当作出对提供条款一方即某日用品有限公司韶关分公司不利的解释。综上所述，某日用品有限公司韶关分公司认为竞业限制条款无效的理由不成立，本院不予支持。

【法律风险防范要点】

在实践中，很多用人单位图方便，往往在离职表中单方面约定竞业限制协议，这种类型的竞业限制条款是格式条款，在发生争议的时候，按照格式条款的解释规则，法院或者仲裁机构会采用对用人单位不利的一种解释。为避免此类纠纷和风险，建议用人单位以明确的协议的方式来约定竞业限制协议及其履行的要求。

五、劳动者近亲属或者借助他人名义从事了竞业限制行为，用人单位可否追究劳动者的违约责任

典型案例：某教育科技有限公司与陆某竞业限制纠纷案

审理法院：北京市海淀区人民法院

案号：（2008）海民初字第 22776 号

【裁判要义】

劳动者近亲属或本人借助他人名义从事了竞业限制行为，均视为本人违反约定，应承担赔偿责任。

第三章
竞业限制纠纷法律风险防范及典型案例分析

【案情概要】

2007年9月,经北京市工商行政管理局海淀分局核准,"北京某世纪教育科技有限公司"名称变更为"某教育科技有限公司"。公司的经营范围包括:研究、开发教育软件,教育技术咨询、技术服务,销售自行开发的产品。2007年11月26日,某教育科技有限公司杭州分公司成立,负责人为陆某。某教育科技有限公司的主要业务之一是针对中小学生的教学辅导。2007年9月,某教育科技有限公司与陆某签订保密协议和竞业限制合同。2007年12月,双方签订劳动合同,约定陆某到某教育科技有限公司杭州分公司担任副总经理,合同期限从2007年12月1日起至2010年11月30日止。陆某承诺,未经某教育科技有限公司书面许可,不到除某教育科技有限公司或其关联企业以外的任何企业、组织或者机构任职或兼职。陆某每月工资为5000元,包括基础工资、岗位补助、单休补助、福利。合同附件包括关于知识产权、保守商业秘密、竞业限制协议等。2008年6月7日,某教育科技有限公司以陆某违反法律法规及公司制度,且违反双方签订的劳动合同及附件为由与陆某解除了劳动合同。另查,2008年5月8日,思×公司成立,经营范围为教育信息咨询,其主要业务之一亦是针对中小学生的教学辅导。思×公司的股东为赵某、孙某,其中赵某的出资占70%,且担任公司法定代表人。赵某系陆某之母。

【争议焦点】

劳动者近亲属从事竞业限制行为,能否认定为劳动者本人违反竞业限制的规定。

【法院判决】

陆某在某教育科技有限公司工作期间，其母与他人成立了与某教育科技有限公司经营同类业务的思×公司。思×公司经营期间，曾利用陆某所有的电子信箱进行招聘。陆某辩称该电子信箱已转让给其母使用，但未提交证据证明。另外，如陆某确将其所有且正常使用的电子信箱转让给其母用于经营，他人在未知晓的情况下，可能将发给陆某的邮件仍发至该邮箱，不但给思×公司经营带来不便，且无法保证陆某的相关信息的安全。在电子信箱的获取十分便利的情况下，陆某的辩解不合常理。故本院对其辩解不予采纳，陆某应参与了思×公司的招聘工作。陆某作为某教育科技有限公司杭州分公司负责人期间，其下属员工曾为思×公司提供培训等服务。陆某称其事先并不知晓，本院对其辩解不予采纳。首先，陆某之母经营思×公司，根据约定将导致陆某承担相应的赔偿责任，从常理来说陆某应不会随意向他人透露，陆某下属员工如何得知？其次，思×公司对员工进行培训等工作，要求主持培训人员应具备较高的业务能力，且由于相关人员可能借此掌握思×公司的经营信息，故思×公司确定人选时应是十分严格、谨慎。如陆某事先并不知晓，其母经营的思×公司如何确定某教育科技有限公司上述人员具备相应的能力并相信其不会非法利用其商业秘密？最后，陆某作为负责人，有权对下属员工进行管理，现其下属员工在工作时间多次为其母经营的公司工作，且其毫不知晓不合常理。故本院认定陆某利用某教育科技有限公司员工为思×公司服务。某教育科技有限公司主张陆某在某教育科技有限公司直接为思×公司招聘员工，但其提供的博客文章及劳动合同不足以证明陆某从事了上述活动，故对某教育科技有限公司的相关主张均不予认可。综上，本院认定陆某在某教育科技有限公司工作期间违反了合同约定的竞业限制义务，应按约定承担违约责任。

【法律风险防范要点】

法律规定竞业限制的目的既是为了保护用人单位的商业秘密，也是为了防止因不适当扩大竞业限制的范围而妨碍劳动者的择业自由。竞业限制经济补偿是法律对于劳动者自由择业、创业受限而科以用人单位给予劳动者的补偿义务。劳动者取得竞业限制经济补偿金以自身负有竞业限制义务为条件，并非劳动者在劳动合同解除或终止后的当然收益。用人单位作为权利的享有者，有权行使该权利，也可以放弃该权利。用人单位未向劳动者支付竞业限制经济补偿金的，劳动者可依法进行主张，但在竞业限制协议被解除前，劳动者并不因此免除约定的竞业限制履行义务。

从竞业限制的法律规定来看，法律并未给第三人设定义务。但实践中确实存在负有竞业限制义务的劳动者为规避法律，假借近亲属或者借助他人的名义从事竞业限制行为。用人单位如果有证据证明劳动者近亲属或本人借助他人名义从事了竞业限制行为，可追究劳动者的违约责任。此类行为均视为劳动者本人违反了约定，应承担赔偿责任。

第四章

经济补偿金/赔偿金纠纷法律风险防范及典型案例分析

第一节 经济补偿金/赔偿金纠纷概述

经济补偿金，是指劳动合同解除或终止后，或存在其他法定情形时，用人单位依法一次性支付给劳动者的经济上的补助。较之《劳动法》及其他相关规定，《劳动合同法》关于经济补偿金的适用范围和计算标准的规定更加具体、详尽。《劳动合同法》第47条规定了经济补偿金的具体计算标准，即按劳动者在用人单位工作的年限，每满一年支付一个月工资的标准向劳动者支付。六个月以上不满一年的，按一年计算；不满六个月的，向劳动者支付半个月工资的经济补偿金。《劳动合同法》仅针对高收入人群的经济补偿金的支付年限做了"最高不超过十二年"的封顶限制，除此之外，任何情形下经济补偿金的计算均不限制支付年限。

第四章
经济补偿金／赔偿金纠纷法律风险防范及典型案例分析

经济赔偿金，是指用人单位或劳动者违反法律规定或劳动合同的约定给对方造成损失时，向对方承担的给付一定数额金钱的民事法律责任形式。赔偿金的支付主要分两种情况：一是直接根据法律规定的情形和标准支付，也叫法定赔偿金；二是按照实际造成的损害承担赔偿责任。《劳动合同法》第87条规定："用人单位违反本法规定解除或者终止劳动合同的，应当依照本法第四十七条规定的经济补偿标准的二倍向劳动者支付赔偿金。"

可见，支付经济补偿金是用人单位合法解除劳动关系应承担的法定义务，具有补偿性质；经济赔偿金则是用人单位违法解除劳动合同时应当承担的惩罚性赔偿责任。

第二节 经济补偿金／赔偿金纠纷法律风险防范要点及典型案例分析

典型案例：某糖果有限公司与丁某劳动合同纠纷案

审理法院：上海市闵行区人民法院

案号：（2016）沪0112民初28702号

【裁判要义】

用人单位违法解除或者终止劳动合同的应赔偿劳动者违法解除劳动合同赔偿金。

【案情概要】

丁某于 2002 年 5 月 13 日进入某糖果有限公司工作，双方签订的最后一份劳动合同为期限自 2015 年 5 月 13 日起的无固定期限劳动合同。

2016 年 4 月 13 日，某糖果有限公司向丁某发出停职通知，通知内载："尊敬的丁某先生：公司决定自现在起暂停您的工作职责。工作暂停结束时间暂不确定，直到公司得到批复可以作最后决定为止。公司之所以要暂停您的工作是因为我们需要对您负责区域内的人员和经销商管理情况进行进一步合规审查，以维护公司利益……在工作暂停期间，公司将全额支付您每月薪资，您有义务如实配合公司调查。除此之外，您无须出勤，不允许进入某糖果有限公司工作场所和参与与某糖果有限公司相关的任何活动……"

2016 年 6 月 20 日，某糖果有限公司向丁某发出解除劳动合同通知书，其中指出，宁波办事处台州地区经销商台州某公司反馈丁某在 2016 年 2 月 26 日发邮件给经销商相关负责人，承诺："为了顺利开展二级销售，同意 3 月给予经销商二级促销费用 15000 万，费用出处为办事处月度费用。"通过内部核查，某糖果有限公司并没有批准宁波办事处 3 月份此笔费用。根据《员工手册》第十一章"违纪处理"第三部分"立即解除劳动合同"第 22 条的规定，某糖果有限公司自 2016 年 6 月 20 日正式执行"立即解除劳动合同"等内容。

2016 年 8 月 1 日，丁某向上海市劳动人事争议仲裁委员会申请仲裁，要求某糖果有限公司支付其违法解除劳动合同的赔偿金。该会于 2016 年 9 月 14 日作出沪劳人仲（2016）办字第 1208 号裁决，某糖果有限公司应支付丁某违法解除劳动合同的赔偿金 427608 元。某糖果有限公司对此不服，遂诉至法院。

某糖果有限公司处的《员工手册》第十一章"违纪处理"第三部分"立即解除劳动合同"第 22 条规定：在公司的业务或其他有关活动中损害公司利益、信誉和经济效益，或任何违反《行为规范》中涉及"利益冲突"的规定将受到立即解除劳动合同的处理。公司的《行为规范》第二部分"行为规范规定"第 1 条利益冲突规定：在执行工作中，所有员工需避免可能造成利益冲突的状况，特别是可能会影响到员工独立判断，进而导致与他们对集团应尽职责相冲突的情形，如个人/家庭的利益关系；对于存在的或可能潜在的利益冲突，员工必须立即向其经理/或公司高层管理者汇报，具体来说，员工须汇报所有影响其诚实品行、正直行为的利益存在，如长期或临时雇佣关系，任何与集团外部的个人或实体组织之间的金融、商业、专业技术或家庭关系。

【争议焦点】

某糖果有限公司是否应当向丁某支付违法解除劳动合同赔偿金。

某糖果有限公司认为无须向丁某支付违法解除劳动合同赔偿金 427608 元。理由如下：丁某为满足达成或提升自己所负责区域的销售业绩，在未经公司批准的情况下承诺给予经商销台州某公司

15000元促销费用，该擅自向经销商打白条的行为损害了公司的利益和名誉，公司据此依据《员工手册》第十一章第三部分第22条之规定解除与丁某的劳动合同，属合法解除。经销商在丁某承诺给予其冲货补贴（即上述促销费用）的情况下实施了低价流货，之后向公司主张该笔促销费用，公司最终未向经销商支付该笔费用，这将造成经销商对公司信赖度的降低，从而导致公司的名誉、信誉受损。

丁某不同意某糖果有限公司的诉讼请求，要求公司按仲裁裁决履行。理由如下：并不存在公司所述向经销商打白条的行为，也从未答应经销商进行低价流货，而公司所谓的打白条行为与公司所述经销商进行低价流货之间并无因果关系，且经销商流货行为与本案也无关联性。公司解除丁某的理由是丁某的行为损害了公司的商业信誉，而非经销商低价流货造成公司经济损失，且公司也未提供经销商低价流货造成其经济损失的证据。

【法院判决】

法院经审理后认为，首先，根据某糖果有限公司自述，公司每月会给办事处一定的费用额度，额度审批下来后由办事处在当月提出促销方案，方案经公司审批同意后促销费用直接支付给经销商。由此可见，某糖果有限公司给予办事处费用额度在先，办事处提出促销方案在后。现某糖果有限公司确认其未给予宁波办事处2016年3月的费用额度，故丁某未向公司上报2016年2月26日电子邮件中所涉经销商台州某公司的促销计划的行为，并无不当。其次，某糖果有限公司称经销商台州某公司基于丁某2016年2月26日发送的电子邮件中"同意3月给予经销商二级促销费用15000元,费用出处为办事处月度费用"之承诺而进行低价流货并产生商品差价19351元,但某糖果有限公司提供的证据并不足以证明丁某同意上述促销费用可用作台州某公司低价流货的冲货差价补贴,亦无法证明丁某同意给予经销商该促销费用与台州某公司进行低价流货之间存在因果关系。最后,某糖果有限公司提供的证据也无法证明台州某公司向其索要丁某电子邮件中提及的15000元促销费用,某糖果有限公司实际亦未向台州某公司支付该笔费用。综上,某糖果有限公司提供的证据不足以证明丁某存在造成公司利益、信誉损害的行为,难以认定丁某存在《员工手册》第十一章第三部分第22条规定的可以解除劳动合同的情形。因此,某糖果有限公司据此作出解除与丁某劳动合同的行为,显属违法,丁某主张违法解除劳动合同赔偿金,于法有据。就赔偿金的计算标准而言,因丁某的工资高于2015年度上海市职工月平均工资的三倍,故本院按2015年度上海市职工月平均工资三倍的数额予以计算。结合丁某在某糖果有限公司的工作年限,某糖果有限公司应依法支付丁某违法解除劳动合同的赔偿金427608元。

【法律风险防范要点】

在本案中,用人单位援引我国《劳动合同法》第39条第2、3项来解除与劳动者的劳动合同。即劳动者严重违反用人单位的规章制度的,以及严重失职,营私舞弊,给用人单位造成重大损害的,用人单位可以解除劳动合同。本案中，用人单位的《员工手册》和《行为规范》中虽然有"损害公司利益、信誉和经济效益"的行为属于严重违反规章制度的行为的规定，但损害公司商誉是一个相对模糊的用语，用人单位援引该规定必须有充分的证据，但本案中用人单位的证据却无法对此作出充分证明。至于另外一个解除理由，即造成经济利益的损失，用人单位的证据更加不充分。因此，用人单位在作出解除劳动合同的决定时，理由并不需要很多，但一定要有证据支撑，否则将被法院认定为违法解除。

用人单位被认定为违法解除的将要承担二倍的经济赔偿金。我国《劳动合同法》第87条规定："用人单位违反本法规定解除或者终止劳动合同的，应当依照本法第四十七条规定的经济补偿标准的二倍向劳动者支付赔偿金。"《劳动合同法》第47条规定："经济补偿按劳动者在本单位工作的年限，每满一年支付一个月工资的标准向劳动者支付。六个月以上不满一年的，按一年计算；不满六个月的，向劳动者支付半个月工资的经济补偿。劳动者月工资高于用人单位所在直辖市、设区的市级人民政府公布的本地区上年度职工月平均工资三倍的，向其支付经济补偿的标准按职工月平均工资三倍的数额支付，向其支付经济补偿的年限最高不超过十二年。本条所称月工资是指劳动者在劳动合同解除或者终止前十二个月的平均工资。"在本案中，法院依照上述规定判决用人单位承担二倍的违法解除劳动合同的赔偿金。

第五章

恢复劳动关系纠纷法律风险防范及典型案例分析

第一节 恢复劳动关系纠纷概述

恢复劳动关系纠纷一般源于用人单位解除劳动合同的行为,与经济赔偿金不同的是,劳动者并不倾向于拿到赔偿,而是希望恢复与用人单位的劳动关系,继续履行原劳动合同。《劳动合同法》第48条明确规定:"用人单位违反本法规定解除或者终止劳动合同,劳动者要求继续履行劳动合同的,用人单位应当继续履行"。因此,在用人单位想要解除劳动合同而劳动者希望继续履行劳动合同时,对于劳动关系的恢复与否,就比较容易引起双方的争议。

然而,《劳动合同法》也规定,如果出现原岗位已经由他人接替等劳动合同不能履行的情况,劳动者只能选择接受用人单位支付的赔偿金。可见,在劳动合同客观上已经不能继续履行的情况下,此时即使劳动者想恢复劳动关系,继续履行劳动合同也无法继续，这时在用人单位支付经济赔偿金后，劳动合同解除或终止。《北京市高级人民法院、北京市劳动人事争议仲裁委员会关于审理劳动争议案件法律适用问题的解答（劳动争议案件法律适用问题研讨会会议纪要三）》第9条详细列举了认定"劳动合同已经不能继续履行"之参考标准，值得借鉴。该会议纪要列举的劳动合同确实无法继续履行的情形主要有：（1）用人单位被依法宣告破产、吊销营业执照、责令关闭、撤销，或者用人单位决定提前解散的；（2）劳动者在仲裁或者诉讼过程中达到法定退休年龄的；（3）劳动合同在仲裁或者诉讼过程中到期终止且不存在《劳动合同法》第14条规定应当订立无固定期限劳动合同情形的；（4）劳动者原岗位对用人单位的正常业务开展具有较强的不可替代性和唯一性（如总经理、财务负责人等），且劳动者原岗位已被他人替代，双方不能就新岗位达成一致意见的；（5）劳动者已入职新单位的；（6）仲裁或诉讼过程中，用人单位向劳动者送达复工通知，要求劳动者继续工作，但劳动者拒绝的；（7）其他明显不具备继续履行劳动合同条件的。

此类纠纷在劳动纠纷中的总体数量不多，主要是因为大多数劳动者在被解除劳动合同后会选择要求经济补偿金，而不是要求继续履行合同。

第二节 恢复劳动关系纠纷法律风险防范要点及典型案例分析

一、用人单位非法解除或者终止劳动合同，劳动者可要求恢复劳动关系

典型案例：上海某实业发展有限公司与柴某劳动合同纠纷案

审理法院：上海市第二中级人民法院

案号：（2018）沪02民终2682号

【裁判要义】

疑似职业病病人诊断或者医学观察期间，用人单位不得解除或终止与劳动者订立的劳动合同。

【案情概要】

柴某与上海某实业发展有限公司签订了期限自2013年9月1日起至2017年1月30日止的劳动合同，约定柴某担任锅炉工一职，试用期基本工资1620元。柴某之后的工资调整按变岗变薪原则和企业有关规定执行。柴某的工资按上海市最低标准发放，每月按22天计算，加班工资以22天为计算基数，特种作业津贴、奖金等按国家和企业有关规定计发。上海某实业发展有限公司与柴某到期终止了劳动合同。2017年3月6日，上海某实业发展有限公司向柴某发送通知，

要求柴某进行离职体检。2017年3月9日，上海中冶医院出具沪卫职业检（2017）上海市职业健康检查报告（离岗时），内载："柴某接害工龄4年，职业史起止日期2013年7月至2017年3月；工作单位为上海某实业发展有限公司；工种是锅炉工；有害因素名称：其他粉尘（其他致尘肺病的无机粉尘）、噪声；防护措施：口罩；小结：双耳高频听损，伴双耳语频听损；结论：所检项目发生异常，建议脱离噪声作业48H后复查测听。"2017年3月23日，上海中冶医院出具沪卫职业检（2017）上海市职业健康检查复检报告，内载："检查结论及建议：双耳高频听损，伴双耳语频听损；所检项目发现异常，建议上级机构进一步检查。"2017年10月25日，上海市化工职业病防治院出具职业病诊断证明书，诊断结论为职业性轻度噪声聋。上海某实业发展有限公司对该诊断结论不服，申请鉴定。2017年11月30日，上海市静安区职业病诊断鉴定委员会出具职业病鉴定书，鉴定结论为柴某为职业性轻度噪声聋。上海某实业发展有限公司不服，又向上海市职业病诊断鉴定委员会提出异议，该鉴定委员会的最终鉴定结论为柴某不属于职业性噪声聋。2017年1月20日，上海某实业发展有限公司向柴某支付了离职补偿金15750元。

【争议焦点】

劳动关系的解除是否合法。

【法院判决】

柴某与上海某实业发展有限公司于2013年9月签订的劳动合同明确约定，柴某从事锅炉工工作，柴某系从事接触职业病危害作业的劳动者，上海某实业发展有限公司在与柴某终止劳动合同时应对柴某进行离岗职业健康检查。上海某实业发展有限公司在 2017 年 1 月 30 日与柴某终止劳动合同时未安排柴某进行离岗健康检查，于同年 3 月才通知柴某进行离职体检。柴某经相关部门鉴定为职业性轻度噪声聋，根据相关规定，在疑似职业病病人诊断或者医学观察期间，用人单位不得解除或终止与劳动者订立的劳动合同，故一审法院判令双方恢复劳动关系并无不妥。基于上海某实业发展有限公司未安排柴某离岗体检以及在柴某职业病诊断或观察期间未顺延双方的劳动合同，而相关部门于 2018 年 1 月 25 日出具最终鉴定结论为柴某不属于职业性噪声聋，故双方的劳动关系应恢复至 2018 年 1 月 25 日，上海某实业发展有限公司应支付柴某工资至 2018 年 1 月 25 日。因上海某实业发展有限公司作为用人单位未履行相关义务，由此造成的责任应由上海某实业发展有限公司承担，上海某实业发展有限公司不同意恢复劳动关系及不同意支付工资的意见，本院不予采纳。柴某属于普通工作人员，其并未要求必须在锅炉岗位工作，故不存在客观上无法恢复的问题。

【法律风险防范要点】

用人单位违反法律规定解除或者终止劳动合同，劳动者可以要求支付赔偿金，也可要求用人单位继续履行劳动合同。对于很多用人单位来说，已经解除了与劳动者的劳动合同，双方之间的信任关系已经不存在，非常不希望与劳动者恢复劳动关系。但是，要求支付赔偿金还是要求恢复劳动关系，选择权在劳动者。因此，用人单位在解除劳动合同时须遵守法律规定的条件和程序,以避免因解除劳动合同而引起纠纷。

二、用人单位如何证明劳动合同已经不能继续履行

 典型案例:刘某与某汽车零部件公司劳动合同纠纷案

审理法院:广东省中山市中级人民法院

案号:(2017)粤20民终6116号

【裁判要义】

用人单位已就劳动者原岗位招聘了新的人员,与劳动者签订的原劳动合同已经不能继续履行。

【案情概要】

刘某于2013年2月22日入职某汽车零部件公司,任人事部副经理,双方已签订书面劳动合同。双方签订的最后一份劳动合同的期限为2016年2月23日至2019年2月25日。2016年12月23日,某汽车零部件公司单方提出与刘某解除劳动合同关系。刘某自2016年12月23日后未回某汽车零部件公司工作。员工离职记录表显示,刘某于2016年12月23日与某汽车零部件公司办理离职工作交接手续,其中有"员工最终确认:本人离职手续均已办理完毕,已将公司重要资料转交,并确保不外泄在职期间所了解的公司相关商业、技术秘密,确认自离职日期之日起与公司劳动关系即行终止,双方无任何劳动争议"的内容,并有刘某加注"应由公司支付辞退补偿、代通知

金、年终奖等"的意见及刘某的签名。

【争议焦点】

双方可否继续履行劳动合同。

【法院判决】

本案中，某汽车零部件公司在仲裁答辩时称其因刘某不能完成公司业绩而提出与刘某解除劳动关系，仲裁时又称其因刘某"不配合相关政府部门的检查工作"导致其受到行政处罚而提出与刘某解除劳动关系，庭审中又称双方协商一致解除劳动关系，其就解除劳动关系的原因陈述前后矛盾，且其提交的员工离职记录表未显示双方协商一致解除劳动关系，其亦未提交其他依据佐证双方解除劳动关系的原因为双方协商一致由其提出解除劳动关系，故一审法院对某汽车零部件公司的上述主张不予采信，并认定某汽车零部件公司于2016年12月23日违法解除与刘某的劳动合同。虽然刘某主张其不同意与某汽车零部件公司解除劳动合同，但经其确认的员工离职记录表显示其已于2016年12月23日与某汽车零部件公司办理了离职工作交接手续，其在员工离职记录表上签名确认双方自其离职之日终止劳动关系及加注"应由公司支付辞退补偿、代通知金、年终奖等"的意见，即刘某同意与某汽车零部件公司解除劳动关系并要求某汽车零部件公司支付"辞退补偿、代通知金、年终奖等"。此外，某汽车零部件公司已就刘某原岗位招聘了新的人员，与刘某签订的原劳动合同已经不能继续履行，故刘某要求恢复双方的劳动关系即继续履行劳动合同，法院不予支持。

【法律风险防范要点】

用人单位违法解除劳动合同,劳动者要求继续履行劳动合同的,用人单位应当继续履行。在劳动者不要求继续履行劳动合同或者劳动合同已经不能继续履行的情况下,用人单位应当依法支付赔偿金。是否要求继续履行劳动合同的选择权在劳动者,用人单位很难在离职的时候进行约定。如果用人单位不想继续履行劳动合同,则需要证明劳动合同不能继续履行了。提供证据证明原岗位已经招聘新的人员,是一种证明原劳动合同不能继续履行的方法。

三、劳动者有权选择要求继续履行合同或支付赔偿金

典型案例:某机械部件有限公司与吴某劳动合同纠纷案

审理法院:江苏省无锡市中级人民法院

案号:(2016)苏02民终3611号

【裁判要义】

用人单位违反《劳动合同法》的规定解除或者终止劳动合同,劳动者要求继续履行劳动合同的,用人单位应当继续履行。

【案情概要】

吴某原系某机械部件有限公司员工。2012年1月3日,双方签订了自2012年1月3日起的无固定期限劳动合同,约定吴某的岗位为生产主管。吴某每月应得工资为15200元。2015年10月15日,某机械部件有限公司向吴某出具通知,言明因吴某近期多次向公司最高

层反映问题，但公司已经授权集团人事就相关问题进行了调查且就相关事实与其进行了面对面沟通，并告知了调查结果与公司结论，但吴某仍继续写邮件发给公司多位高层领导，并使用威胁性语言，涉嫌构成公司员工手册规定的可能导致纪律处分的不当行为，故公司将暂停吴某 2015 年 10 月 15 日至 2015 年 10 月 22 日期间的工作。2015 年 10 月 23 日，某机械部件有限公司作出解除聘用协议通知书，以上述理由认定吴某构成严重违纪，公司根据《劳动合同法》、员工手册及规章制度的规定，决定于即日起解除与吴某的劳动关系。

【争议焦点】

双方可否继续履行劳动合同。

【法院判决】

本案中，根据员工手册的规定，某机械部件有限公司鼓励员工在与上级主管人员沟通后感觉问题没有获得解决时，与上级主管人员的上级主管人员商讨该问题。吴某作为某机械部件有限公司的员工，因马某事件受到威胁，在向某机械部件有限公司反映情况后，对某机械部件有限公司的调查结果及结论不满意，进而向某机械部件有限公司的高层发送电子邮件进行沟通，该行为并无不当。此外，某机械部件有限公司亦未提供充足的证据证明吴某发送的电子邮件中包含威胁性的语言。因此，某机械部件有限公司解除与吴某之间的劳动合同，依据不足，应认定为违法解除。在此情况下，吴某有权选择要求某机械部件有限公司继续履行劳动合同或支付赔偿金，现吴某要求某机械部件有限公司继续履行劳动合同，除非某机械部件有限公司能够举证证明劳动合同已经不能继续履行，否则应该判令某机械部件有限公司继续履行劳动合同。某机械部件有限公司虽称吴某的原有工作岗位已经不存在，却未提供充足证据证明其主张，故一审法院判令某机械部件有限公司继续履行与吴某之间的劳动合同，依据充分，本院予以维持。

【法律风险防范要点】

用人单位违法解除劳动合同后，劳动者寻求救济的方式包括要求用人单位继续履行劳动合同和支付赔偿金。两种方式不可并行，只能择其一，要么继续履行，要么支付赔偿金。对此，法律赋予了劳动者选择权，如果劳动者选择继续履行劳动合同的，用人单位原则上应当继续履行，除非劳动合同客观上已不能继续履行。对于客观上不能继续履行的，用人单位必须提供切实充分的证据证明。一般来说，劳动合同不能继续履行主要有以下情形：一是某些特定岗位，已录用新员工接替；二是该岗位确实因为用人单位的经营情况被撤销；三是劳动者已经在其他单位就业；四是用人单位已经不再继续经营；五是用人单位与劳动者之间彼此缺乏或丧失信任关系。在本案中，劳动者选择要求用人单位继续履行劳动合同。用人单位没有提供有效证据证明原劳动合同已经不能继续履行，因此在诉讼中败诉。

四、被裁定或者判定恢复劳动关系的法律后果

 典型案例：某电梯公司与王某追索劳动报酬纠纷案

审理法院：上海市第二中级人民法院

案号：（2017）沪02民终2693号

【裁判要义】

用人单位解除与劳动者的劳动合同，引起劳动争议，经确定双方恢复劳动关系的，用人单位应当支付劳动者在调解、仲裁、诉讼期间的工资，标准为解除劳动合同前12个月的月平均工资。

【案情概要】

王某系上海市从业人员，于1988年7月进入某电梯公司从事维保工作，双方之间签订的最后一份劳动合同是期限自1999年5月15日起的无固定期限劳动合同。某电梯公司支付2015年4月工资时，支付了王某2014年年终奖4694.60元。2015年11月30日，某电梯公司通知王某解除劳动合同，王某离职前工资标准为2436元/月。劳动关系解除前，王某在某电梯公司的杨浦区五角场维保点工作。

2016年1月6日，王某向上海市劳动人事争议仲裁委员会申请仲裁，要求恢复与某电梯公司的劳动关系，并要求某电梯公司支付恢复劳动关系后的工资。2016年3月11日，该仲裁委员会作出沪劳人仲（2016）办字第55号裁决书，裁决王某、某电梯公司的劳动关系自2015年12月1日起恢复，某电梯公司应支付王某2016年1月6日至2016年3月11日期间的工资5460元，对王某的其他请求事项不予支持。

2016年3月17日，某电梯公司向王某发出上班通知书，内容为："同意恢复与王某的劳动关系，要求王某于2016年3月21日起每个工作日的8时30分至上海市嘉定区维保部服务点上班工作，继续履行劳动义务；如逾期未到上述地点工作，将按旷工处理；工作时间为周一至周五的 8 时 30 分至 17 时 30 分，其间含 1 小时用餐时间；除本通知规定的上班工作地点外，至其他生产经营地和办公地的行为，均不被认可为某电梯公司安排的上班工作行为，某电梯公司不予认可有效性，也不会支付工资。"王某收到上述通知书后，即向某电梯公司提出"无法接受安排至嘉定区安亭镇维保部工作，要求安排至宝山区维保点工作"，某电梯公司对此并未作出明确答复。2016 年 3 月 30 日，王某以邮政快递方式向某电梯公司寄送书面回复信函，提出某电梯公司安排其至嘉定区安亭镇上班路途过于遥远、无法照顾家庭，要求安排至宝山区维保点工作。某电梯公司收到上述信函后，直至 2016 年 11 月 25 日再次向王某发送上班通知书，仍然要求王某至上海市嘉定区安亭镇维保点工作。王某收到该上班通知书后，再次向某电梯公司寄送回复信函，提出无法接受某电梯公司不合理的工作安排，希望与某电梯公司继续商谈。

【争议焦点】

在被确定恢复劳动关系后，用人单位变更王某工作地点是否合法。

【法院判决】

本院认为，在生效法律文书确认双方恢复劳动关系后，某电梯公司应及时安排王某上班，履行劳动合同义务。根据 2016 年 3 月 17 日某电梯公司发给王某的上班通知书，某电梯公司安排王某至上海市嘉定区安亭镇墨玉路上班，该上班地点与王某劳动合同解除前的实际上班地点不相一致，某电梯公司要变更工作地点应与王某进行协商，且变更工作地点应在合理范围内。在王某提出异议后，某电梯公司未及时与王某进行沟通，直至2016年11月25日再次通知王某仍至上述地点上班，因此上述期间王某不能提供正常劳动系某电梯公司原因造成。因某电梯公司发给王某上班通知书中已明确王某至其他地方上班，不认可其上班行为，故某电梯公司以王某未至原工作地点上班作为不支付上述期间工资的意见，本院不予采纳。某电梯公司与王某于1999年5月签订的劳动合同中约定公司贯彻按劳分配的原则，制定工资和奖金制度。某电梯公司向王某发放了2014年年终奖，因某电梯公司违法解除王某的劳动合同，致王某无法正常工作至2015年年底。在某电梯公司已向员工发放2015年年终奖后，王某要求某电梯公司支付2015年年终奖并无不可。因某电梯公司未提供年终奖发放标准，某电梯公司对此应承担举证不利的后果，一审法院判令某电梯公司按王某2014年年终奖数额支付2015年年终奖并无不妥。某电梯公司称双方对年终奖无约定，不同意支付的意见，本院亦不予采纳。综上所述，某电梯公司的上诉请求不能成立，应予驳回；一审判决认定事实清楚，适用法律正确，应予维持。

【法律风险防范要点】

在生效法律文书确认双方恢复劳动关系后，用人单位须承担两项法律后果：第一，用人单位应当支付劳动者在调解、仲裁、诉讼期间的工资，标准为解除劳动合同前12个月的月平均工资。第二，用人单位应及时安排劳动者上班，履行劳动合同义务。在实践中，最容易发生纠纷的是让劳动者重新上班。有些用人单位出于报复劳动者的目的，在恢复劳动关系后，变更劳动者的工作地点、工作内容或者劳动报酬。这些变更属于劳动合同的变更，需要和劳动者协商一致方可进行，如果单方面变更，会产生新的劳动纠纷。

第六章

追索劳动报酬纠纷法律风险防范及典型案例分析

第一节 追索劳动报酬纠纷概述

《劳动合同法》第 30 条第 1 款规定："用人单位应当按照劳动合同约定和国家规定，向劳动者及时足额支付劳动报酬。"劳动报酬是劳动者付出体力或脑力劳动所得的对价，体现的是劳动者创造的社会价值。劳动部《关于贯彻执行〈中华人民共和国劳动法〉若干问题的意见》第 53 条规定："劳动法中的工资是指用人单位依据国家有关规定或劳动合同的约定，以货币形式直接支付给本单位劳动者的劳动报酬，一般包括计时工资、计件工资、奖金、津贴和补贴、延长工作时间的工资报酬以及特殊情况下支付的工资等。"《劳动合同法》第 31 条规定："用人单位应当严格执行劳动定额标准，不得强迫或者变相强迫劳动者加班。用人单位安排加班的，应当按照国家有关规定向劳动者支付加班费。"

追索劳动报酬纠纷中最常见的就是对劳动报酬约定不够明确、拖欠加班工资,以及克扣劳动者应得的劳动报酬等问题。其中,加班费的支付是最常见的一种纠纷。

第二节 追索劳动报酬纠纷法律风险防范要点及典型案例分析

 典型案例1:凌某与某安保公司追索劳动报酬纠纷案

审理法院:江苏省无锡市中级人民法院

案号:(2017)苏02民终4172号

【裁判要义】

对于用人单位与劳动者约定的标准工时制以外的工作内容,劳动者主张延时加班工资有事实与法律依据。

【案情概要】

2014年3月6日,凌某至某安保公司应聘。某安保公司应聘员工录用审批表中载明凌某的身份信息,并载明试用期两个月,应聘工种为驾驶员,总经理审批一栏填写"正常上下班时间以后不算加班"等字样,凌某陈述仲裁之前未看到过该审批表。2014年3月10日,凌某入职某安保公司工作,试用期两个月,工资为3000元。2014年5月11日,凌某与某安保公司签订劳动合同,载明:

"合同期限为 2014 年 5 月 11 日至 2016 年 5 月 10 日，岗位为司机，工作时间执行标准工时制，时间为周一至周五，8：30—11：30，12：00—17：00，月工资及加班工资计发基数为 3100 元。"2015年 5 月，凌某月工资增长至 3250 元。2016 年 5 月 10 日，双方劳动合同期满，凌某离职。在职期间，凌某的工资都是通过银行代付，每月工资条中载明应付工资数额（3100 元或 3250 元），请假、加班为 0 元。2016 年 11 月 4 日，凌某向江苏省无锡市惠山区劳动人事争议仲裁委员会申请仲裁，要求某安保公司支付延时加班工资29678.31 元。2016 年 12 月 20 日，该仲裁委员会出具仲裁决定书。凌某不服仲裁裁决，诉至法院。

【争议焦点】

某安保公司是否应当支付凌某加班工资。

【法院判决】

本院认为，按照劳动合同的约定，凌某实行标准工时制，工作时间在上午八点半之后、下午五点之前，与该工时对应的劳动报酬为 3100 元（后增加为 3250 元）。但是，劳动合同履行过程中，凌某不仅在上述工作时间内有出车任务，而且在上午八点半之前、下午五点之后都有固定的出车任务，与劳动合同对照，凌某驾车接送员工上下班属于双方约定的标准工时制以外的工作内容，凌某主张延时加班工资有事实与法律依据。虽然在劳动合同约定的八小时的工作时间内，凌某可能有待命的情况，甚至时间并不短，但是八小时内工作任务不饱和并非凌某的原因所致，双方亦未对该状态下劳动报酬的折算作出约定，某安保公司要求统算工作量的主张没有合同依据，故本院不予采信。虽然凌某是在离职后主张延时加班工资，但是某安保公司并不能证明凌某在职时已经认可公司发放的劳动报酬没有克扣或者拖欠，故法院应当支持凌某在离职后提出的补发加班工资的请求。

【法律风险防范要点】

在用人单位与劳动者签订劳动合同时，双方应当就劳动者的工作时间及工时制度进行约定，明确工作时间之外的加班制度和加班工资标准以避免争议。另外，对于因工作特殊需要，不合适适用标准工时制的员工，应该在劳动合同中明确约定适用不定时工时制。不定时工作制，也叫无定时工时制，它没有固定工作时间的限制，是针对因生产特点、工作性质特殊需要或职责范围的关系，需要连续上班或难以按时上下班，无法适用标准工作时间或需要机动作业的职工而采用的一种工作时间制度，是我国现行的基本工作时间制度之一。根据原劳动部颁布的《工资支付暂行规定》第13条的规定，实行不定时工作制的劳动者，不执行用人单位普通加班工资的相关计算规定。在本案中，凌某的工作岗位为司机，该工作岗位有一定的机动性，不应该实行标准工时制。用人单位如要避免本案类似的支付加班工资的风险，靠书面约定"正常上下班时间以后不算加班"是不能避免加班费支付的风险的，应该依法实行不定时工作制。此外，用人单位还需要注意，用人单位实行不定时工时制必须履行法定审批程序，报相关部门批准后才可实施，同时可采用集中工作、集中休息、轮休调休、弹性工作时间等方式保障员工的休息权。

 典型案例 2：徐某与某日资公司追索劳动报酬纠纷案

审理法院：江苏省苏州市中级人民法院

案号：（2016）苏 05 民终 9013 号

【裁判要义】

劳动者若对其作息时间有异议，应按照用人单位的规定及时向有关部门反映，未提出异议的，应视为劳动者对该制度的认可，并愿遵照执行。劳动者在事隔多年后才就此提出异议，显然有违诚实信用原则。

【案情概要】

2008 年 2 月 29 日，徐某入职某日资公司。2014 年 2 月 28 日，双方因合同期满终止劳动关系，某日资公司向徐某支付经济补偿金，徐某也确认双方今后再无任何经济纠葛。在职期间，徐某一直是轮班制员工，并从事设备维护工作。在诉讼中，徐某明确其诉讼请求的计算方式如下：要求补足每天 100 分钟（构成为：第一餐 50 分钟，第二餐 30 分钟，前后各 10 分钟休息）的加班费，每月平时加班、双休日加班天数以及每年法定节假日加班天数均是估算形成。徐某表示，除上述时间段外，对其余加班费的发放并无异议。

某日资公司 2007 年版、2012 年版《员工守则》均规定：员工如有加班的必要，需在开始之前经公司书面确认同意，否则不视为加班。为此，某日资公司专门制作加班申请表一份，具体列明：部门、加班日期、申请者；员工工号、姓名、工作内容；预定加班起止时间、合计时间；实际加班起止时间、合计时间。加班申请表中还明确注明：合计加班时间扣除用餐、休息时间。

轮班制员工平时的2.5小时加班是不需要填写上述申请表的，2.5小时以外及休息日安排加班是需要申请的。员工平日填写加班申请表时也均将用餐时间、工间休息时间予以扣除。

某日资公司每月向徐某发放薪资单，薪资单中明确列明：应出勤/实出勤天数、1.5倍加班时数、2.0倍加班时数、3.0倍加班时数、基本工资、平时加班工资金额、假日加班工资金额、节假日加班工资金额等。2007年版、2012年版《员工守则》同时还规定：员工领取薪资明细表时需仔细确认，如有疑问应在一个月内及时通过部门向总务人事课报告确认。

【争议焦点】

劳动者就餐及工间休息时间是否应视为工作时间并应发放加班费。

【法院判决】

本院认为，首先，某日资公司的勤务规定于2004年7月1日修订实施，实施时间早于《劳动合同法》的施行时间，且内容没有违反法律、行政法规的强制性规定，也不存在明显不合理的情形，徐某在入职时某日资公司亦向其告知该规定，故该规定对徐某具有约束力，可作为双方解决劳动争议的依据。其次，勤务规定明确规定了某日资公司实行的工作时间、就餐时间、工间休息时间、实际工作时间、加班时间等事项，每个员工亦按照上述规定时间上班并计算加班时间。根据某日资公司提供的员工休息时车间现场录像、员工离开公司的记录及录像、员工在休息室休息照片等证据，可以证实员工在就餐及工间休息期间可至公司专门配备的餐厅、休息室及吸烟室就餐及休息，并自由支配时间，并不需要照看机器等设备。同时，员工工作时，可以根据生理需要上厕所、喝水等。故本院认为，某日资公司在就餐及工间休息时间外已给予了员工必要的解决生理需要及适当恢复体力的时间，而在就餐及工间休息时间允许自由支配，从事与工作、生产无关的活动，不应视为工作时间。最后，徐某自入职以来，均按照某日资公司规定的作息时间工作，在某日资公司向其发放的薪资单上亦明确载明了各类型的加班时数及加班工资，理应完全知晓加班工资及加班时间的具体计算方式，其若对此有异议，也应按照《员工守则》之规定在一个月内及时向有关部门反映，但其未提出异议已达多年，应视为对该制度的认可，并愿遵照执行。现徐某在事隔多年后才就此提出异议，显然有违诚实信用原则。因此，徐某要求将就餐及工间休息时间计入工作时间并补发加班费的主张，缺乏事实和法律依据，本院不予支持。

【法律风险防范要点】

对于劳动者的工作时间，我国现行立法规定，劳动者每日工作时间不得超过 8 小时，平均每周工作时间不得超过 40 小时。用人单位应当按照法定工作时限要求合理安排劳动者的工作时间。用人单位应该保障劳动者的合理休息权，保障劳动者合理的就餐及工间休息时间。就餐及工间休息时间不视为工作时间。建议企业建立合理的内部管理制度，就员工的工作时间、就餐时间、工间休息时间、实际工作时间、加班时间等事项进行明确规定，以免发生争议。

典型案例3：蹇某、德国某律师事务所驻上海代表处与上海某人力资源咨询有限公司劳动合同纠纷案

审理法院：上海市第二中级人民法院

案号：（2017）沪02民终6200号

【裁判要义】

用人单位安排劳动者延长工作时间的，应支付不低于工资的150%的工资报酬。

【案情概要】

蹇某自2007年11月1日起由案外人上海国际企业合作公司派遣至被告德国某律师事务所驻上海代表处工作。2010年7月1日，蹇某与上海某人力资源咨询有限公司订立劳动合同，继续将蹇某派遣至德国某律师事务所驻上海代表处工作。2016年5月3日，蹇某收到上海某人力资源咨询有限公司的通知，要求其前往领取书面离职证明。根据离职证明的内容，上海某人力资源咨询有限公司在毫无事实根据与法律依据的情况下，违法解除了与蹇某的劳动合同。根据德国某律师事务所驻上海代表处的规定，其应于每年年初支付上一年度的年度奖金（"十三薪"），然而在 2012—2015 年，德国某律师事务所驻上海代表处支付的年度奖金均未达到其所承诺的金额。此外，2007—2016 年蹇某在职期间存在长期加班的事实，德国某律师事务所驻上海代表处从未按照法律规定向蹇某支付加班工资。

【争议焦点】

对于蹇某未经审批的加班时间是否能够被确认。

【法院判决】

德国某律师事务所驻上海代表处为了维护企业正常生产经营活动，对涉及企业秘密的信息、文件，通过员工手册明确告知员工不得在任何时候复制、带走和泄露德国某律师事务所驻上海代表处相关信息、文件，若违反保密义务，德国某律师事务所驻上海代表处有权对该员工作出解雇决定。蹇某在德国某律师事务所驻上海代表处工作期间，未经德国某律师事务所驻上海代表处批准，擅自将工作邮件发送至其个人邮箱，违反了德国某律师事务所驻上海代表处有关员工保密义务的规定。另外，蹇某向德国某律师事务所上海代表处首席代表发送了具有威胁性、侮辱性的邮件。蹇某上述行为不仅严重违反了德国某律师事务所驻上海代表处的规章制度，也违背了一名劳动者的职业操守。德国某律师事务所驻上海代表处为教育广大员工遵纪守法，严格执行企业各项规章制度，杜绝类似事件再次发生，决定将蹇某退回劳务派遣单位上海某人力资源咨询有限公司，并无不当，也是企业行使用工自主权的体现。上海某人力资源咨询有限公司针对骞某在用工单位的工作表现，根据劳动法律规定和劳动合同约定，解除与骞某的劳动合同，于法有据，无须承担经济赔偿责任。根据德国某律师事务所驻上海代表处员工手册的规定，骞某主张"十三薪"的前提条件是双方劳动合同对相关规定有明确的约定。德国某律师事务所驻上海代表处与骞某签订的有关合同、协议，均未承诺支付骞某年度"十三薪"，且德国某律师事务所驻上海代表处曾向骞某支付年度奖金是根据企业经营状况及骞某工作表现等所给予的奖励，与德国某律师事务所驻上海代表处固定向骞某支付"十三薪"是两种不同性质的款项，不能混为一谈。由于德国某律师事务所驻上海代表处没有允诺每年度支付骞某"十三薪"，骞某要求德国某律师事务所驻上海代表处履行支付"十三薪"的义务，无事实依据。骞某主张加班工资，提交了 ELITE 系统，因该系统数据是骞某自行填写工作时间，没有得到德国某律师事务所驻上海代表处确认，且德国某律师事务所驻上海代表处员工手册规定，员工加班需办理审批手续，故没有经过德国某律师事务所驻上海代表处许可的自行申报加班时间，不能视为骞某超时为德国某律师事务所驻上海代表处提供了劳动。在骞某与德国某律师事务所驻上海代表处办公室经理陈某对话中，陈某并未否认骞某多次提及的加班 430 小时，并称这 430 小时是查找骞某所有邮件得出的，说明骞某确实在德国某律师事务所驻上海代表处工作期间存在 430 小时加班的事实。德国某律师事务所驻上海代表处应根据骞某上述加班时间，承担支付加班工资的责任。德国某律师事务所驻上海代表处否认骞某与陈某对话录音的真实性、关联性，但未提供相关证据推翻陈某所作的陈述,故两人之间开展的对话,真实反映了德国某律师事务所驻上海代表处已认可骞某具有 430 小时的加班这一情况。综上所述,蹇某、德国某律师事务所驻上海代表处的上诉请求均不能成立,应予驳回。

【法律风险防范要点】

为防范因支付加班费问题引起的法律争议风险,用人单位应制定完善的加班制度,明确加班的审批流程。此外,本案还涉及年终奖的发放争议。用人单位与劳动者就年终奖等进行约定的,应明确年终奖发放是否存在条件、年终奖发放的标准及时间等,避免与劳动者就年终奖的发放产生争议。

典型案例4:李某诉某纸业公司劳动合同纠纷案

审理法院:上海市第一中级人民法院

案号:(2017)沪01民终7781号

【裁判要义】

我国实行劳动者每日工作时间不超过 8 小时,平均每周工作时间不超过 40 小时的工作制度,用人单位安排劳动者超出正常工作时间工作的,应当支付高于劳动者正常工作时间的工资报酬。

【案情概要】

李某于 1997 年 4 月 3 日至某纸业公司工作,双方订立的最后一份劳动合同为自 2007 年 4 月 3 日起的无固定期限劳动合同。2006 年起,李某担任某纸业公司工会主席。2007 年起,李某同时担任某纸业公司管理部副经理。2011年8月起，某纸业公司因经营状况不佳、连续亏损开始停产。2015年6月，双方的劳动合同解除。2016年5月4日，李某向上海市浦东新区劳动人事争议仲裁委员会申请仲裁，要求某纸业公司支付2008年2月至2014年2月期间的平日延时、休息日以及法定节假日加班工资共计267588.35元。该仲裁委员会于2016年6月23日作出裁决，某纸业公司应支付李某2008年2月至2014年2月期间的平日延时、休息日以及法定节假日加班工资共计235421元。双方均不服仲裁裁决，先后诉至原审法院，李某的原审诉请为判令某纸业公司支付自2008年2月至2014年2月期间平日延时、休息日以及法定节假日加班工资共计267588.35元；某纸业公司的原审诉请为判决不支付李某2008年2月至2014年2月期间的平日延时、休息日以及法定节假日加班工资235421元。

某纸业公司员工守则规定，员工加班需填报"加班单"并呈权责主管核签，各单位于次日中午十二点前将加班单汇总送人事单位处理，否则不予计算加班费。某纸业公司实行干部值班制度，对于员工未调休的值班时间，视为加班支付加班费。某纸业公司干部值班需填写干部值班记录表，按干部值班通知单及干部值班记录表计算值班费用。2012年10月27日至2014年2月25日期间，李某经申请核准延时加班512小时、休息日加班336小时、法定节假日加班24小时。某纸业公司向李某签发了上述加班时间的申请调休表，但未安排李某调休。2012年10月至2014年2月期间，李某工资构成为基本工资、绩效、责任津贴、特别、年资、加班费等，其中基本工资 8500 元、绩效 1230 元、责任津贴 2700 元、特别 6140 元、年资 450 元（2013 年 4 月调整为 480 元）。

【争议焦点】

用人单位是否应发放加班费。

【法院判决】

根据已查明事实，李某主张其存在的加班事实分两种情形：一是干部值班通知单显示的加班；二是申请调休表显示的加班。首先，关于干部值班通知单显示的加班，李某与某纸业公司均确认公司按干部值班通知单和干部值班记录表来计算值班费用。对于 2008 年 2 月至 2013 年 2 月期间因值班而产生的加班费的请求，李某直至 2016 年 5 月方申请仲裁，故李某应对值班事实的存在承担举证责任。因李某提供的其中一份干部值班通知单中的值班时间与申请调休表上的加班时间相重叠，李某对此作出的解释可以反映出收到值班通知单后并非必然在指定的时间实施值班行为，现李某仅提供干部值班通知单，未提供干部值班记录表，应承担举证不能的后果。原审对于李某依干部值班通知单主张支付加班工资的请求未予支持，并无不当。其次，关于申请调休表显示的加班，某纸业公司员工守则规定员工加班需填报加班单并呈权责主管核签，现李某提供了 2012 年 10 月 27 日至 2014 年 2 月 25 日期间由某纸业公司相关人员签名核准的加班单，与申请调休表相互印证，可予采信。对于 2012 年 10 月 27 日之前的加班，李某未能提供加班单加以佐证，故仅凭申请调休表难以采信李某主张的加班事实。对李某主张 2012

年 10 月 27 日之前的加班工资的请求，不予支持。最后，关于加班工资的计算基数，因李某月工资由基本工资、绩效、责任津贴、特别、年资、饭贴、奖等多项组成，包含福利性待遇，原审法院按李某应发工资（不含已发的加班工资）的 70% 确定加班工资计算基数，并酌定相应加班工资数额，并无不妥，可予维持。

【法律风险防范要点】

在追索劳动报酬纠纷中，最容易引起争议的就是对加班费的认定，尽管最高人民法院的司法解释规定，加班事实应由劳动者提供证据证明，但在劳动者提供了一定证据初步证实加班事实以后，举证义务就转移到用人单位一方，用人单位应提供证据，证明劳动者不存在加班的事实，否则，将承担不利的后果。劳动者主张加班的，法院一般会审查劳动合同和用人单位的规章制度。如劳动合同、规章制度较为完善，对加班费有明文规定，可能要求劳动者进一步提供相关的加班证据。如果劳动者不能举证，将承担不利的后果。

《最高人民法院关于审理劳动争议案件适用法律若干问题的解释（一）》第 19 条规定："用人单位根据《劳动法》第四条之规定，通过民主程序制定的规章制度，不违反国家法律、行政法规及政策规定，并已向劳动者公示的，可以作为人民法院审理劳动争议案件的依据。"对于明确实施加班审批制度的用人单位，需要劳动者提供加班审批表或审批手续来认定。但用人单位的加班审批制度应向劳动者公示。如果提不出向劳动者公示的证据，则该加班审批制度对劳动者不产生法律效力。

第七章

劳务派遣纠纷法律风险防范及典型案例分析

第一节 劳务派遣纠纷概述

劳务派遣是指由用人单位（劳务派遣单位）与劳动者订立劳动合同，把劳动者派向用工单位，由用工单位向用人单位支付服务费用的一种用工形式。劳动力给付的事实发生于劳动者与用工单位之间，用工单位向用人单位支付服务费，用人单位向劳动者支付劳动报酬。劳务派遣作为一种新型用工方式，在 2008 年施行的《劳动合同法》中首次予以规定，自此以后得到广泛应用。但由于制度运行中存在诸多不规范之处，关于劳务派遣三方法律关系，劳务派遣单位与用工单位责任分担，劳务派遣中的工伤补偿待遇、同工同酬待遇，以及劳务派遣法律关系的解除等方面十分容易引起纠纷。劳务派遣单位与用工单位签订劳务派遣协议既无被派遣劳动者参与，又无相关部门监督，易发生以损害被派遣劳动者合法权益换取劳务派遣单位利益的行为。一旦涉及劳动报酬支付、工伤认定、社会保险费缴纳等纠纷，用工单位与劳务派遣单位可能会相互推脱，甚至撇开被派遣劳动者进行协商，导致被派遣劳动者维护权益比较困难。此外，劳务派遣关系解除方面的法律适用容易产生分歧。对于用工单位退回被派遣劳动者的条件、劳务派遣单位与被派遣劳动者解除劳动合同关系的条件及情形，《劳动合同法》规定得并不明确，导致审判实践的认定标准不一。

2012 年修订后的《劳动合同法》第 92 条将用工单位和劳务派遣单位之间的"双方相互连带"更改为劳务派遣单位对用工单位的"单方连带"。相互连带的表现形式是法律不限定责任引发主体或者任何连带责任主体，皆应承担连带责任。劳务派遣单位是用人单位，应当承担全部的用人义务；用工单位基于用工的事实行为，应当承担被派遣劳动者处于其控制过程中产生的责任，不应连带承担劳务派遣单位的所有雇主责任。劳务派遣单位致劳动者损害时，用工单位不具有可责难性。相反，用工单位有未支付加班费、绩效奖金、提供与工作岗位有关的福利待遇等行为，给被派遣劳动者造成损失的，出于劳务派遣单位是用人单位以及分担劳动者受偿不能的风险的考量，劳务派遣单位与用工单位承担连带赔偿责任。

修订后的《劳动合同法》加强了对劳务派遣业的管制。人力资源和社会保障部于 2013 年 12 月 20 日通过的《劳务派遣暂行规定》不仅进一步明确了"临时性、辅助性和可替代性"三性，更是将用工单位使用劳务派遣用工总量控制在 10% 以内。为了规避《劳动合同法》的规定，许多劳务派遣单位纷纷调整业务，将原来的劳务派遣协议改为外包协议。① 实践中，某些外包用工和派遣用工非常容易混淆，从而也会发生很多纠纷。

由于劳务派遣涉及用人单位、用工单位及劳动者三方的劳动关系，因此劳务派遣纠纷的案情通常会比较复杂。

第二节 劳务派遣纠纷法律风险防范要点及典型案例分析

典型案例1：朱某与某人才资源开发（上海）有限公司、某（中国）贸易有限公司等劳务派遣纠纷案

审理法院：上海市第一中级人民法院

案号：（2018）沪01民终2323号

【裁判要义】

在劳务派遣关系中，用工单位应当支付加班费、绩效奖金，提供与工作岗位相关的福利待遇。

【案情概要】

2014年7月1日，某人才资源开发（上海）有限公司与朱某签订了期限为2014年7月1日至2016年6月30日的劳动合同，将朱某派遣至某（中国）贸易有限公司处工作。2016年7月1日，

---

① 参见董保华主编：《中国劳动法案例精读》，商务印书馆2016年版，第367页。

某人才资源开发（上海）有限公司与朱某续签了期限为2016年7月1日至2018年6月30日的劳动合同。2017年4月28日，某（中国）贸易有限公司出具派遣员工退回通知书，载明："鉴于您（即朱某）在派遣到我司（即某（中国）贸易有限公司）工作期间，存在严重违反我司规章制度的情形，现经公司研究决定，于2017年5月2日起将您退回派遣公司（即某人才资源开发（上海）有限公司）……"2017年5月10日，朱某向某人才资源开发（上海）有限公司递交解除劳动合同决定书，载明："本人因用工单位某（中国）贸易有限公司在并无事实依据的情况下（认为本人有不良动机），以严重违反公司规章制度为由，将我退回派遣公司（即某人才资源开发（上海）有限公司），侵犯了我的合法权益，本人决定与公司解除劳动合同，最后工作日为2017年6月8日。"2017年6月9日，某人才资源开发（上海）有限公司向朱某出具了合同解除的退工证明。2017年6月22日，朱某向上海市劳动人事争议仲裁委员会提起仲裁，要求：（1）某（中国）贸易有限公司补发2017年3月和4月奖金，共计8000元；（2）某人才资源开发（上海）有限公司支付违法解除劳动合同赔偿金90000元，某（中国）贸易有限公司承担连带责任。经审理，该仲裁委员会作出裁决，某人才资源开发（上海）有限公司应支付朱某违法解除劳动合同赔偿金89964元，某（中国）贸易有限公司承担连带责任，以及某（中国）贸易有限公司应支付朱某2017年3月奖金2867.90元；对朱某其余请求不予支持。某人才资源开发（上海）有限公司不服，向法院提起诉讼。

【争议焦点】

某人才资源开发（上海）有限公司是否应当支付朱某违法解除劳动合同赔偿金，某（中国）贸易有限公司是否应当承担连带责任。

【法院判决】

根据本案查明的事实，2017年4月28日，某（中国）贸易有限公司向朱某出具派遣员工退回通知书，载明："鉴于您在派遣到我司工作期间，存在严重违反了我司规章制度的情形，现经公司研究决定，于2017年5月2日起将您退回派遣公司……"同年5月10日，朱某向某人才资源开发（上海）有限公司递交解除劳动合同决定书，载明："本人因用工单位某（中国）贸易有限公司在并无事实依据的情况下（认为本人有不良动机），以严重违反公司规章制度为由，将我退回派遣公司，侵犯了我的合法权益，本人决定与公司解除劳动合同，最后工作日为2017年6月8日。"2017年6月9日，某人才资源开发（上海）有限公司向朱某出具了合同解除的退工证明。由此可见，本案系朱某于2017年5月10日单方解除与某人才资源开发（上海）有限公司的劳动合同，根据相关法律规定，某人才资源开发（上海）有限公司无须支付朱某违法解除劳动合同赔偿金。鉴于某人才资源开发（上海）有限公司无须支付朱某违法解除劳动合同赔偿金，故某（中国）贸易有限公司亦无须承担连带责任。

【法律风险防范要点】

劳务派遣关系中,在劳务派遣单位与用工单位不存在过错的情况下,劳动者主动解除劳动合同的,劳务派遣单位和用工单位无须承担责任。鉴于劳务派遣单位和用工单位的连带责任关系,用工单位应严格审查劳务派遣单位的资质和信誉,避免与不规范的劳务派遣单位合作,以防可能承担连带责任。

 典型案例 2:崔某与某企业顾问公司等劳务派遣纠纷案

审理法院:山东省济南市市中区人民法院

案号:(2017)鲁 0103 民初 6953 号

【裁判要义】

劳务派遣单位应当及时支付劳动者工资,用工单位应当对劳务派遣单位拖欠工资的行为承担连带责任。

【案情概要】

2016 年 1 月 1 日,某企业顾问公司与北京某密封容器公司签订劳务派遣协议一份,约定:某企业顾问公司按照协议约定,将与某企业顾问公司建立劳动关系的人员派往北京某密封容器公司工作,协议期限自 2016 年 1 月 1 日至 2017 年 12 月 31 日。2016 年 9 月 5 日,崔某与某企业顾问公司签订劳动合同,载明:合同有效期自 2016 年 9 月 5 日至 2018 年 9 月 4 日,崔某的用工单位为北京某密封容器公司,工作岗位为销售主管,工作地点为济南,月工资标准为 3000 元。2017 年 5 月 25 日,某企业顾问公司向崔某出具解除劳动合同通知书,载明:"您于2016年9月5日与某企业顾问公司签订LKJN-20160005号劳动合同,并被派遣到北京某密封容器公司,岗位为销售主管。现因北京某密封容器公司撤销济南分公司导致劳动合同无法继续履行,根据《劳动合同法》第四十条第三项规定,某企业顾问公司、北京某密封容器公司决定与您于2017年5月31日解除劳动关系及用工关系。用工单位依据《劳动合同法》相关规定支付经济补偿金。根据某企业顾问公司上述决定,请您按用工管理单位相关人员的要求于2017年5月31日前办理交接手续,逾期不办理手续者责任自负。"崔某于2017年5月31日离职。

根据崔某的银行账户交易明细及崔某、某企业顾问公司、北京某密封容器公司的陈述,崔某2016年9月至2017年5月实际发放工资分别为:3277.07元、4173.88元、3906.92元、4328.05元、5520.78元、5589.53元、5208.12元、6543元、5049.32元。另外,某企业顾问公司于2017年6月15日向崔某发放的15584.40元除包含崔某2017年5月的工资5049.32元外,还包含一个月的代通知金及一个月的经济补偿金共计10535.08元。国家规定的月计薪日为21.75天。

【争议焦点】

某企业顾问公司是否应当补发加班工资及解除劳动合同的经济补偿金差额及代通知金差额。

【法院判决】

本案中,某企业顾问公司应补发崔某2016年12月至2017年5

月期间的加班工资 10352.31 元,对于崔某主张的超出部分,本院不予支持。

(1) 解除劳动合同经济补偿金差额及代通知金差额。《劳动合同法》第 40 条第 3 项规定,劳动合同订立时所依据的客观情况发生重大变化,致使劳动合同无法履行的,用人单位提前 30 日以书面方式通知劳动者本人或者额外支付劳动者一个月工资后,可以解除劳动合同。第 46 条规定,用人单位依照本法第 40 条规定解除劳动合同的,用人单位应当向劳动者支付经济补偿。第 47 条第 1 款规定,经济补偿按劳动者在本单位工作的年限,每满一年支付一个月工资的标准向劳动者支付。六个月以上不满一年的,按一年计算;不满六个月的,向劳动者支付半个月工资的经济补偿。本案中,因北京某密封容器公司撤销济南分公司导致劳动合同无法继续履行,某企业顾问公司据此解除劳动合同,符合《劳动合同法》关于用人单位支付经济补偿金及代通知金的规定,根据崔某提交的银行流水,结合前述应向其补发的加班工资,崔某离职前月平均工资为 5994.33 元,故某企业顾问公司应支付崔某解除劳动合同经济补偿金 5994.33 元(5994.33 元/月×1 个月)及一个月代通知金 5994.33 元,共计 11988.66 元,扣除某企业顾问公司、北京某密封容器公司已支付的 10535.08 元后,某企业顾问公司还应向崔某补发解除劳动合同经济补偿金差额及代通知金差额共计 1453.58 元。对于崔某主张的超出部分,本院不予支持。

(2) 带薪年休假工资。《职工带薪年休假条例》第 3 条第 1 款规定:"职工累计工作已满 1 年不满 10 年的,年休假 5 天;已满 10

年不满 20 年的，年休假 10 天；已满 20 年的，年休假 15 天。"根据上述规定，崔某于 2016 年 9 月 5 日入职，2017 年 5 月 31 日离职，工作时间不满一年，不符合享受带薪年休假的条件，故对于崔某主张的带薪年休假工资，本院不予支持。

本案中，崔某主张的加班工资、经济补偿金及代通知金系由于北京某密封容器公司造成的，根据《劳动合同法》第 92 条的规定，"……给被派遣劳动者造成损害的，劳务派遣单位与用工单位承担连带赔偿责任"，北京某密封容器公司应承担连带赔偿责任。

【法律风险防范要点】

拖欠劳动者加班工资、经济补偿金及代通知金的，劳务派遣单位与用工单位应当向劳动者承担连带责任。本案中，劳务派遣单位未足额支付劳动者解除劳动合同的经济补偿金和代通金，从而引起劳动争议，用工单位根据法律规定应承担连带责任。鉴于劳务派遣单位与用人单位之间的连带责任关系，在签订劳务派遣协议时，用工单位应仔细审查协议，特别是在责任条款与违约责任条款上应公平分配双方的权责，避免承担不必要的责任和风险；同时应完善追偿条款，在本身没有任何过错而承担连带责任后，可依约向对方追偿。

典型案例 3：林某与某人力资源顾问公司、上海某（集团）公司劳务派遣纠纷案

审理法院：江苏省无锡市中级人民法院

案号：（2016）苏 02 民终 2440 号

【裁判要义】

《劳动合同法》规定，无论是劳务派遣单位还是用工单位给被派遣劳动者造成损害的，劳务派遣单位和用工单位应承担连带赔偿责任。

【案情概要】

2009年10月，林某与某人力资源顾问公司建立劳务派遣关系。2013年，某人力资源顾问公司、林某签订派遣员工劳动合同书，某人力资源顾问公司将林某派遣至某贸易公司工作。2013年11月，某人力资源顾问公司、林某、某贸易公司、上海某（集团）公司签订关于用工单位变更的协议书，其中明确：林某认可某人力资源顾问公司自2013年9月1日起将林某派遣到上海某（集团）公司；上海某（集团）公司同意接受林某在上海某（集团）公司工作，派遣期限为2013年9月1日至2015年6月30日；上海某（集团）公司承认林某于2012年7月1日至2013年8月31日期间在某贸易公司的工作年限与在上海某（集团）公司的工作年限连续计算。

2014年7月起，上海某（集团）公司未向林某支付工资。根据上海某（集团）公司发给某人力资源顾问公司的电子邮件以及林某确认的数额，上海某（集团）公司共拖欠林某2014年7月工资2030.51元、2014年8月工资1769.39元、2014年9月工资1937.74元、2014年10月1日至15日工资1149.10元。

2014年10月15日，上海某（集团）公司通知某人力资源顾问公司称:"鉴于我司目前经营状况困难,无法继续使用你司派遣员工,我司现正式通知你司,自2014年10月15日起退回你司按照双方劳务派遣协议所约定派遣至我司工作的所有派遣员工,同时我司承担因本次退回所有派遣员工所存在的所有法律风险和责任(包括但不限于我司应当根据员工在我司的工作年限向员工或通过你司向员工支付的赔偿金。如员工被退回后不同意与贵司解除劳动关系的,我司应依法承担员工待岗期间的各项待遇)。"

2014年10月16日,某人力资源顾问公司通过邮政特快专递向林某发出通知书一份。该通知书明确要求林某在收到通知书的次日9时前到某人力资源顾问公司报到,否则视为旷工行为,将按照相关规定处理。10月17日,林某收到该通知书。

2014年12月8日,某人力资源顾问公司通过邮政特快专递再次向林某发出通知书,要求林某在收到通知书的次日9时前到某人力资源顾问公司报到,否则视为旷工行为。12月9日,林某收到该通知书。

2014年12月12日,某人力资源顾问公司向林某发出了解除派遣员工劳动合同通知。该通知载明:"非常遗憾地通知您,因您所就职的用工单位上海某(集团)公司由于经营状况困难,无法继续使用我公司派遣员工之故,将您退回。我公司作为派遣单位在2014年10月16日及2014年12月8日分别发出《召回通知》,由于您未到公司考勤,也没有履行任何的请假手续累计旷工达到3天,现正式通知您于2014年12月12日解除与您签订的劳动合同。"之后,某人力资源顾问公司为林某办理了终止或解除劳动关系通知单。

【争议焦点】

（1）某人力资源顾问公司是否应与上海某（集团）公司就工资向林某承担连带支付责任；（2）某人力资源顾问公司未建立工会，在解除与林某劳动关系前没有征求工会意见是否违法，是否应向林某支付赔偿金。

【法院判决】

法院认为，关于争议焦点一，根据《劳动合同法》第92条及《劳动合同法实施条例》第35条的规定，无论是派遣单位还是用工单位给被派遣劳动者造成损害的，劳务派遣单位和用工单位均承担连带赔偿责任。本案中，上海某（集团）公司客观上没有支付2014年7月至10月15日的工资，侵害了林某的劳动权利，依法应由某人力资源顾问公司、上海某（集团）公司承担连带支付责任。关于争议焦点二，《劳动合同法》第43条规定，用人单位解除劳动合同，应当事先将理由通知工会。《最高人民法院关于审理劳动争议案件适用法律若干问题的解释（四）》第12条系对上述规定法律后果的完善，但不能从该司法解释中推出未建立工会的用人单位可以免除通知工会的义务。根据《江苏省劳动合同条例》第31条的规定，用人单位单方解除劳动合同，应当事先将理由通知工会；用人单位尚未建立工会的，通知用人单位所在地工会。本案中，某人力资源顾问公司未建立工会，在单方解除与林某之间的劳动关系前也未征求公司所在地工会的意见，故公司的行为违反了上述条例的规定。综上,某人力资源顾问公司应向林某支付赔偿金22117.30元;上海某(集团)公司应向林某支付2014年7月至2014年10月15日的工资共计6886.70元,某人力资源顾问公司承担连带责任。

【法律风险防范要点】

用人单位应当按照法律规定建立工会,并且在单方解除劳动合同时,应当事先将理由通知工会。用人单位未在解除劳动合同前征求工会意见,未履行通知工会的义务的,会被法院认定为违反法律规定解除劳动合同。即便用人单位由于种种原因未建立工会,仍不能免除该项义务,应当通知用人单位所在地工会。

典型案例4:某上海经济技术合作公司与某家电有限公司、陈某劳务派遣纠纷案

审理法院:上海市徐汇区人民法院

案号:(2016)沪0104民初30698号

【裁判要义】

在劳务派遣关系中,用工单位给被派遣劳动者造成损害的,劳务派遣单位与用工单位承担连带赔偿责任。

【案情概要】

2013年2月22日,某上海经济技术合作公司与陈某签订劳动合同,将陈某派遣至某家电有限公司从事销售工作,最后一份劳动合同期限为2016年2月22日至2018年2月21日。某家电有限公司称,陈某向商家提供的某家电有限公司的产品未按照公司要求的

价格出售，违反了公司的规章制度，属于不正当销售行为，公司拒绝支付 2016 年 5 月的业绩奖金。陈某不服，向徐汇区劳动人事争议仲裁委员会提起仲裁。后该仲裁委员会作出裁决，裁定某家电有限公司向陈某返还 2016 年 5 月的业绩奖金，某上海经济技术合作公司对该业绩奖金的支付承担连带责任。某上海经济技术合作公司不服，起诉至法院。

【争议焦点】

某上海经济技术合作公司是否要承担连带责任。

【法院判决】

法院认为，某家电有限公司主张陈某存在恶意操作违反公司销售政策，但提供的证据尚难证明其主张，其扣除陈某业绩奖金缺乏事实依据，应当予以返还。某上海经济技术合作公司系符合法律规定的劳务派遣单位，某家电有限公司系用工单位，某上海经济技术合作公司自 2013 年 2 月 22 日起派遣陈某至某家电有限公司工作，三方依法形成劳务派遣关系，根据相关法律规定，某上海经济技术合作公司作为用人单位应当对某家电有限公司的上述支付义务承担连带责任，某上海经济技术合作公司要求不承担连带责任的诉讼请求，法院不予支持。

【法律风险防范要点】

我国《劳动合同法》第 62 条规定："用工单位应当履行下列义务：（一）执行国家劳动标准，提供相应的劳动条件和劳动保护；（二）告知被派遣劳动者的工作要求和劳动报酬；（三）支付加班费、绩效奖金,提供与工作岗位相关的福利待遇;(四)对在岗被派遣劳动者进行工作岗位所必需的培训;(五)连续用工的,实行正常的工资调整机制。用工单位不得将被派遣劳动者再派遣到其他用人单位。"第63条第1款规定:"被派遣劳动者享有与用工单位的劳动者同工同酬的权利。用工单位应当按照同工同酬原则,对被派遣劳动者与本单位同类岗位的劳动者实行相同的劳动报酬分配办法。用工单位无同类岗位劳动者的,参照用工单位所在地相同或者相近岗位劳动者的劳动报酬确定。劳务派遣单位与被派遣劳动者订立的劳动合同和与用工单位订立的劳务派遣协议,载明或者约定的向被派遣劳动者支付的劳动报酬应当符合前款规定。"第92条第2款规定:"……用工单位给被派遣劳动者造成损害的,劳务派遣单位与用工单位承担连带赔偿责任。"

这些规定的主要目的是维护劳动者的利益,保证被派遣劳动者同与用工单位直接签订劳动合同的劳动者享受同等的福利待遇,防止用工单位推诿或者由于其他原因而无法支付对劳动者的赔偿责任。在劳务派遣中,用工单位实际上行使用工管理权,劳务派遣单位无法直接约束劳动者。在这种情况下,为维护劳动者的利益,应当使劳务派遣单位和用工单位对劳动者承担连带责任。因此,我国《劳动合同法》第92条第2款作出规定,对于用工单位给被派遣劳动者造成的损害,劳务派遣单位与用工单位承担连带赔偿责任。但是,为维护自身利益,劳务派遣单位应该在与用工单位的合同中约定承担赔偿责任后的追偿权。

第八章

社会保险纠纷法律风险防范及典型案例分析

第一节　社会保险纠纷概述

《劳动法》第 72 条明确规定："社会保险基金按照保险类型确定资金来源，逐步实行社会统筹。用人单位和劳动者必须依法参加社会保险，缴纳社会保险费。"社会保险是一种为丧失劳动能力、暂时失去劳动岗位或因健康原因造成损失的劳动者提供收入或补偿的一种社会和经济制度。社会保险主要包括养老保险、医疗保险、失业保险、工伤保险、生育保险外加住房公积金，即"五险一金"。法律明确规定了缴纳社会保险费用是用人单位与劳动者共同的义务，具有强制性，不能通过用人单位内部规定或双方协议约定而免除任何一方应承担的法定义务，所以不论用人单位内部有何规定或用人单位与劳动者之间存在何种约定，都因违反法律的强制性规定而无效。

第八章
社会保险纠纷法律风险防范及典型案例分析

但在实际情况中,劳动者不重视社保只重视到手工资,用人单位也为了节约用人成本,就会出现社保不足额缴纳,不按照工资基数缴纳等情况,一旦劳动者遭遇工伤或需要医疗费的时候,双方在社保问题上就容易发生争端,因此社保纠纷也是劳动争议中的一种重要类型。在这些纠纷中,工伤纠纷是最普遍的。用人单位特别需要注意的是,工伤赔偿责任属于无过错责任,只要发生了工伤事故,除了法律规定的诸如因犯罪或者违反治安管理、酗酒、自杀自残等导致伤亡的情形以外,不论劳动者对事故的发生是否存在过错,其均应获得相应的工伤赔偿。

第二节 社会保险纠纷法律风险防范要点及典型案例分析

典型案例1:牟某与江苏某装备公司医疗保险待遇纠纷案

审理法院:江苏省南通经济技术开发区人民法院

案号:(2015)开民初字第00519号

【裁判要义】

用人单位应当为劳动者缴纳社会保险费,若因用人单位过错未缴纳社会保险费,劳动者工作期间所受损失应当由用人单位承担。

【案情概要】

2014年11月10日，牟某与江苏某装备公司签订劳动合同，约定合同期限从2014年11月10日起至2015年12月31日止，牟某的工作岗位为销售工程师，江苏某装备公司为牟某缴纳五险（养老保险、医疗保险、失业保险、工伤保险、生育保险）。属于牟某个人应缴纳的部分，由江苏某装备公司在牟某工资中代扣代缴。2015年1月30日，牟某申请离职，江苏某装备公司于次日核准离职，双方办理了工作交接手续。员工离职审批表上载明"本人与公司已经结清所有工资款项，再无任何经济纠纷"，牟某在该表上签字确认。2015年2月3日，牟某因突发心肌梗死入南通市第一人民医院住院治疗，被诊断为：（1）急性广泛前壁心肌梗Killips IV级；（2）心室颤动；（3）心源性昏厥。牟某于2015年2月18日出院，住院期间共发生医疗费58677.88元。2015年3月2日，牟某再次到南通市第一人民医院就诊，发生医疗费2034.6元。牟某2015年4月13日，牟某向南通市经济技术开发区劳动人事争议仲裁委员会申请仲裁。2015年4月22日，该仲裁委员会以牟某主张的医疗费发生于劳动关系解除后为由，作出不予受理通知书。牟某不服，诉至法院。

签订劳动合同前，牟某在南通瑞慈医院进行了入职体检，体检报告书中心电图检查结果为窦性心律。在牟某工作期间，江苏某装备公司未为牟某缴纳社会保险费。

为了解牟某门诊及住院用药清单中属于医保范围内的费用，法院向南通市医疗保险基金管理中心及南通市中级人民法院司法鉴定处咨询,南通市医疗保险基金管理中心明确住院费用中头孢尼西钠注射剂等金额为4760.35元的费用为医保范围外。南通市中级人民法院司法鉴定处答复,除南通市医疗保险基金管理中心明确的完全为个人承担的自费药物外,其他部分药物有一定比例的个人承担部分,比例大小不等,建议当日门诊及其余住院费用中个人承担10%—20%为宜。

【争议焦点】

用人单位未依法缴纳基本医疗保险费,是否应当承担医保范围内的费用。

【法院判决】

劳动者应当参加职工基本医疗保险,由用人单位和劳动者按照国家规定共同缴纳基本医疗保险费。用人单位应当自用工之日起30日内为劳动者向社会保险经办机构申请办理社会保险登记。劳动者以用人单位未为其办理社会保险手续,且社会保险经办机构不能补办导致其无法享受社会保险待遇为由,要求用人单位赔偿损失而发生争议的,人民法院应予受理。就本案而言,牟某、江苏某装备公司之间于2014年11月10日建立劳动关系,江苏某装备公司应当在2014年12月10日前为牟某办理社会保险登记,但江苏某装备公司未能按期依法办理。江苏某装备公司庭审中陈述双方曾有口头约定待试用期后缴纳社会保险费,但未能提供相应证据,即便双方曾经有过该意思表示,但因违反法律规定,亦不能免除江苏某装备公司依法缴纳社会保险费的法定义务。事实上，直至牟某2015年1月31日离职，江苏某装备公司仍然未为牟某办理并依法缴纳社会保险费，存在违约行为。同时，根据南通市医疗保险的征缴规定，江苏某装备公司应当于每月的25日前申报次月的缴费计划，并于每月的15日前按缴费计划缴纳当月的保险费用，灵活就业人员在中断缴费后一定时间内可以补交，并按规定享受医疗保险待遇。江苏某装备公司作为用人单位，与劳动者相比，更为熟悉医疗保险缴费政策及相关规定。江苏某装备公司一方面在劳动关系存续期间没有依法为牟某缴纳保险费用，另一方面在牟某离职时亦未告知牟某可以以个人名义补缴保险费用，存在过错行为。基于上述原因，牟某在2015年2月3日住院治疗时无法享受医疗保险待遇，江苏某装备公司理应承担主要赔偿责任。就牟某本人而言，江苏某装备公司未为其办理医疗保险缴费手续，牟某亦未提供证据证明在劳动关系存续期间及离职时就缴费事项向江苏某装备公司主张过，存在一定过失。综上，本院综合认定对于医保范围内的费用，由江苏某装备公司承担80%的赔偿责任，牟某自行承担20%。关于医保范围内的费用，根据南通市医疗保险基金管理中心及南通市中级人民法院司法鉴定处的答复，本院酌情认定当日门诊及其余住院费用中个人承担的非医保费用比例为10%，故医保范围内的费用为48525.78元［（58677.88－4760.35）×90%］，江苏某装备公司应当赔偿牟某38820.62元（48525.78×80%），超过部分本院不予支持。

【法律风险防范要点】

我国劳动法规定了用人单位应当自用工之日起 30 日内为劳动者向社会保险经办机构申请办理社会保险登记，为劳动者缴纳社会保险费，此乃法律的强制性规定。用人单位与劳动者之间如果对缴纳社会保险费另有约定，该约定如果违反了法律的强制性规定，仍会被认定为无效。因此，用人单位要注意，与职工间的约定并不当然免除为职工依法缴纳保险的法定义务，一旦职工因未缴纳社会保险费而无法享受医疗保险等待遇，用人单位将需要承担赔偿责任。

典型案例2：某饮料公司华东分公司与高某劳动合同纠纷案

审理法院：江苏省无锡市中级人民法院

案号：（2018）苏 02 民终 2470 号

【裁判要义】

用人单位的工伤赔偿责任不以劳动者无过错为前提，也不因劳动者有过错而减免。

【案情概要】

2014 年 6 月 6 日，高某进入某饮料公司华东分公司工作。2014 年 6 月 28 日，高某在参加公司组织的篮球比赛中，右小腿摔伤导致开放性骨折。2014 年 9 月 24 日，无锡市人力资源和社会保障局出具工伤认定决定书，认定高某的伤害构成工伤。2015 年 4 月 1 日，高某申请离职，双方劳动关系解除。2017 年 4 月 10 日，无锡市劳动能力鉴定委员会出具无锡市劳动能力鉴定结论通知书，认定高某所受伤害致残程度为九级,并载明若不服鉴定结论,可于收到通知书后15日内申请复核。因高某的社会保险费由无锡市某人力资源开发有限公司代缴,故上述工伤认定决定书、无锡市劳动能力鉴定结论通知书中载明的用人单位名称为无锡市某人力资源开发有限公司。

另查明高某于受伤时,尚未缴纳社会保险费。高某的右小腿在2012年大学毕业前也受过伤,但是已经痊愈,且参加篮球比赛是某饮料公司华东分公司领导要求的。某饮料公司华东分公司对工伤认定不服,但未就工伤认定及劳动能力鉴定结论等事宜提出过复核。

【争议焦点】

某饮料公司华东分公司赔偿高某工伤保险待遇是否可因高某的自身过错而减免。

【法院判决】

法院认为,工伤认定决定书写明若不服工伤认定的,可于收到决定书之日起60日内向无锡市人民政府或江苏省人力资源和社会保障厅申请行政复议,也可以在3个月内直接向有管辖权的人民法院提起行政诉讼;劳动能力鉴定结论通知书也写明若对鉴定结论不服的,可从收到通知书之日起15日内向无锡市劳动能力鉴定委员会申请复核。本案中,工伤认定决定书、劳动能力鉴定结论通知书列明的用人单位系无锡市某人力资源开发有限公司,该公司系代某饮料公司华东分公司为高某缴纳社会保险费,无锡市某人力资源开发有限公司收悉工伤认定决定书、劳动能力鉴定结论通知书,即可视为某饮料公司华东分公司亦收悉。某饮料公司华东分公司表明其未就工伤认定、劳动能力鉴定结论提出复核,应认为其已接受上述结论,其现于诉讼后提出异议,法院不予受理,即法院采纳劳动部门关于高某因2014年6月28日受伤属于工伤,且致残程度为九级的结论。

另外,工伤赔偿责任不同于侵权责任,劳动者自身是否存在过错不影响用人单位的赔偿责任,且本案中,高某是否存在过错尚不宜认定,故法院对某饮料公司华东分公司以高某存在过错要求减免赔偿责任的主张不予支持。因某饮料公司华东分公司未及时为高某缴纳社会保险费,导致工伤保险基金不予理赔部分,由某饮料公司华东分公司承担。

【法律风险防范要点】

当劳动者被认定为工伤后,用人单位对工伤认定不服的,应当在法律规定的时间内向作出工伤认定决定的相关部门申请行政复议或者向有管辖权的人民法院提起行政诉讼,对劳动能力鉴定结论不服的应当在规定日期内向相关部门申请复核。如果超过时间未对工伤认定和劳动能力鉴定提出异议,会被认定为用人单位已经接受该结果。为劳动者缴纳工伤保险费是用人单位的法定义务。因此,用人单位如果对工伤认定结果有异议,应当及时提出,否则将会承担赔偿责任。此外,工伤赔偿责任不同于侵权责任,劳动者自身是否存在过错不影响用人单位的赔偿责任。

典型案例3：某服饰公司与徐某劳动争议纠纷案

审理法院：浙江省杭州市中级人民法院

案号：（2016）浙01民终6253号

【裁判要义】

劳动者已经离职，用人单位仍应为其补缴在职期间尚未缴纳的社会保险费。

【案情概要】

2014年10月6日，徐某入职某服饰公司工作。2016年3月11日，某服饰公司下发通知给包括徐某在内的杭州办事处的员工，表示经多方因素考虑，某服饰公司决定将杭州办事处同南京办事处及上海办事处进行大区域融合，并将大区域总部及总仓设在南京。后杭州办事处工作地点被撤销，徐某实际工作至2016年3月29日。另外，徐某在职期间，某服饰公司未与徐某签订书面劳动合同，未给徐某缴纳社会保险费，公司向徐某发放了2016年3月之前的工资。徐某曾以某服饰公司为被申请人申请劳动争议仲裁，要求某服饰公司支付2016年3月工资3200元，支付未签订书面劳动合同的二倍工资35200元，要求补缴2014年10月6日至2016年3月的社会保险费，要求支付经济补偿金4800元。2016年5月12日，杭州市江干区劳动人事争议仲裁委员会作出江劳人仲案字（2016）第230号仲裁裁决：（1）某服饰公司支付徐某二倍工资差额31900元；（2）某服饰公司为徐某补缴2014年10月6日至2016年3月

31日的社会保险费；（3）某服饰公司支付徐某经济补偿金4800元；（4）驳回徐某的其他仲裁请求。某服饰公司对该仲裁裁决不服，于2016年6月1日起诉至法院，请求判令：（1）某服饰公司无须支付徐某二倍工资31900元；（2）某服饰公司无须为徐某补缴2014年10月6日至2016年3月31日期间的社会保险费；（3）某服饰公司无须支付徐某经济补偿金4800元；（4）某服饰公司、徐某双方劳动合同关系存续，徐某继续履行劳动合同。

【争议焦点】

劳动者已经离职，用人单位是否应当为其补缴在职期间尚未缴纳的社会保险费。

【法院判决】

本案中，某服饰公司未经徐某同意擅自撤销了杭州办事处，即擅自变更了徐某的工作地点，徐某因不同意该变更，有权要求解除劳动合同。徐某在申请劳动争议仲裁时即以此为由要求某服饰公司支付经济补偿金，在本案庭审中也明确表示不愿意继续履行双方之间的劳动合同，故双方之间的劳动合同已经解除。另外，用人单位和劳动者必须依法参加社会保险，缴纳社会保险费。某服饰公司未为徐某缴纳在职期间即2014年10月6日至2016年3月29日期间的社会保险费，应予补缴。

【法律风险防范要点】

《劳动法》第72条规定，用人单位和劳动者必须依法参加社会保险，缴纳社会保险费。用人单位如果为了降低用人成本，不为劳动者缴纳社会保险费,一旦引发劳动争议,仍然需要对没有缴纳的部分进行补缴,且还会面临受到劳动保障监察机构行政处罚的风险。因此,用人单位应当严格遵守其缴纳社会保险费的法定义务。

典型案例4:张某与上海某科技公司工伤保险待遇纠纷案

审理法院:上海市浦东新区人民法院

案号:(2017)沪0115民初42287号

【裁判要义】

用人单位应当为劳动者缴纳社会保险费,若因用人单位过错未缴纳社会保险费,劳动者工作期间所受损失应当由用人单位承担。

【案情概要】

张某于2015年9月2日至上海某科技公司操作工岗位工作,双方签订了该日至2017年9月1日的劳动合同,约定岗位工资为每月2020元。劳动合同规定:"如乙方(即张某)于在职期间累计旷职达三日,则视为乙方自愿解除本合同,本合同自该累计旷职第三日之次日起发生解除效力。"上海某科技公司当庭确认,该合同到期后不与张某续签。

2015年10月30日,张某在车间收垃圾时,被箱子角碰伤右眼。张某于2015年12月23日提出工伤认定申请,后相关部门于2016年6月6日认定张某的情况为工伤。2017年2月23日,相关部门认定张某的伤残情况为因工致残程度八级。上海某科技公司为张某缴纳了2015年9月至2015年12月的社会保险费。

张某于2015年11月3日之后未再出勤。上海某科技公司于2016年1月4日为张某办理了退工手续，注明用工结束日期为2016年1月4日。张某称于2017年4月下旬知悉上述退工情况，应认定劳动合同于知悉时解除。上海某科技公司称张某于2015年12月28日之后累计旷工达三天，视为自愿解除劳动合同，上海某科技公司据此办理了退工手续，故应认定于2016年1月4日双方解除了劳动关系。

张某2015年9月26日至2015年12月25日的月均应发工资为2599.67元（不含加班工资、餐饮补贴等）。上海某科技公司已发张某2015年11月26日至12月25日期间的工资1581.70元。

张某受伤后至多家医院就医，合计支出医疗费20807.39元（含鉴定费、鉴定检查费），经核算，属于工伤保险基金报销范围的部分为15543.93元。相关医院为张某开具了2015年11月18日至2016年2月1日的病假单，另上海爱尔眼科医院于2016年6月29日为张某开具了休一周的病假单，上海市静安区中心医院为张某开具了2016年8月3日至2016年9月3日的病假单。张某于2016年1月31日至2016年2月2日、2016年8月3日至2016年8月6日住院治疗。

【争议焦点】

用人单位是否应当支付劳动者就医期间的费用及工伤医疗补助金等费用。

【法院判决】

　　上海某科技公司主张双方劳动合同于 2016 年 1 月 4 日办理退工手续时解除，但未举证证明已将办理退工手续的情况告知了张某；双方劳动合同关于自愿解除劳动合同的约定不符合法律规定，故本院认定双方劳动合同于张某知悉退工情况时即 2017 年 4 月下旬解除。相应地，上海某科技公司提出的超出仲裁时效的意见缺乏依据。本院已在另案中确认双方自 2017 年 4 月下旬起恢复劳动关系至 2017 年 9 月 1 日。上海某科技公司未为张某缴纳 2015 年 12 月之后的社会保险费，结合上海某科技公司当庭对不续签劳动合同的确认，本院认定上海某科技公司应当根据张某的因工致残程度，支付张某一次性工伤医疗补助金 58536 元和一次性伤残就业补助金 58536 元。上海某科技公司为张某缴纳了 2015 年 9 月至 12 月的社会保险费，张某可享受的一次性伤残补助金应由工伤保险基金支付，现要求上海某科技公司支付依据不足，本院不予支持。上海某科技公司未及时为张某申报工伤，亦未依法缴纳相应期间的社会保险费，张某支出的工伤医疗费用中，属于工伤保险基金报销范围的部分 15543.93 元应由上海某科技公司负担。超出工伤保险基金报销范围的部分，张某要求上海某科技公司支付缺乏依据，本院不予支持。张某主张车费、误工费、营养费 20000 元及精神损失费 100000 元、心理伤害费 50000 元，均缺乏相应的依据，本院不予支持。张某主张 2016 年 7 月至 2017 年 1 月的生活护理费 20000 元，但未举证证明存在生活不能自理的情形，故该请求本院不予支持。

【法律风险防范要点】

用人单位如果单方面为劳动者办理退工手续,解除劳动关系,应当及时告知劳动者,否则用人单位主张劳动关系已经解除是难以被认可的。在劳动者的工伤医疗期内,劳动者的工伤医疗补助金可由工伤保险基金支付,但是若用人单位没有为劳动者缴纳工伤保险费,则需由用人单位自己承担。因此,用人单位应当及时为劳动者缴纳工伤保险费,如遇工伤发生,应当及时申报,以免造成更大的损失。

典型案例 5:上海某医药公司与敬某劳动合同纠纷案

审理法院:上海市静安区人民法院

案号:(2017)沪 0106 民初 4090 号

【裁判要义】

用人单位和劳动者必须依法参加社会保险,缴纳社会保险费。若因用人单位过错导致中断参保的,由此造成的损失由用人单位负担。

【案情概要】

敬某于 2015 年 8 月 3 日入职上海某医药公司处,担任高级地区经理一职,月工资 15000 元,公司与敬某签订的劳动合同期限至 2018 年 8 月 2 日。2016 年 4 月 30 日,敬某离职。2015 年 8 月 14 日起,根据敬某要求,上海某医药公司委托上海某经济技术合作公司在青岛市为敬某代缴社会保险费，但后上海某经济技术合作公司因故未能为敬某缴纳2015年8月至11月的社会保险费，并告知上海某医药公司，且于2015年12月补缴了8月至11月的社会保险费。2016年4月21日，敬某患血管瘤就诊，并于2016年4月26日至5月6日住院，根据青岛市的规定，敬某无法享受医疗保险待遇。于是，敬某要求上海某医药公司赔偿。

【争议焦点】

用人单位是否应当赔偿因未及时缴纳社会保险费而导致的劳动者医疗保险待遇损失。

上海某医药公司认为，未能为敬某及时缴纳社会保险费的原因是敬某的个人账户存在欠费，敬某无法享受医疗保险待遇的责任不在公司，故不同意承担敬某的医疗保险待遇损失。

敬某认为，缴纳社会保险费是用人单位的法定责任。由于上海某医药公司于2015年12月为敬某补缴社会保险费，导致敬某中断参保，进入6个月的等待期。2016年4月，敬某就医未能享受医疗保险待遇，根据相关规定，上海某医药公司应赔偿敬某损失。

【法院判决】

法院认为，《青岛市社会医疗保险办法》（青岛市人民政府令第235号）第40条第1款规定："符合参加职工社会医疗保险条件的人员，应当在三个月内及时办理参保缴费。连续缴费不满六个月（以下称等待期）的，只享受基本医疗保险个人账户待遇；连续缴费满六个月后，按照规定享受职工社会医疗保险待遇。"第41条第

2款规定："职工社会医疗保险参保人中断缴费超过三个月以上，以及未按照规定在三个月内及时参保缴费的，视为中断参保。中断参保后再次参保时，用人单位和个人可以按照规定补缴中断参保期间的社会医疗保险费，补缴后补记个人账户，累计缴费年限；从缴费当月起重新计算连续缴费时间，并按照本办法第四十条规定享受职工社会医疗保险待遇。中断期间和等待期内发生的医疗费用，基本医疗保险统筹基金、大病医疗保险资金、大病医疗救助资金不予支付，其中因用人单位原因造成中断参保的，由用人单位负担。"敬某在入职时已签署了新员工社会保险费缴纳城市确认信，选择在户口所在地青岛缴纳社会保险费及住房公积金，上海某医药公司应及时为敬某在青岛市缴纳社会保险费，保障劳动者的权利。上海某医药公司提供的证据并不足以证明系敬某的过错造成于2015年12月补缴的事实，至于上海某医药公司与上海某经济技术合作公司之间因履行人事代理服务合同产生的纠葛与敬某无涉。结合青岛市劳动人事争议仲裁委员会委托青岛市社会保险事业局审核的意见，法院确定上海某医药公司应赔偿敬某医疗保险待遇损失7123.70元。

【法律风险防范要点】

《劳动法》第72条规定："……用人单位和劳动者必须依法参加社会保险，缴纳社会保险费。"依法缴纳社会保险费是用人单位与劳动者共同的法定义务，该义务具有强制性。《劳动法》第73条第1款第3项规定，劳动者在因工伤残或者患职业病的情形下，依法享受社会保险待遇。《工伤保险条例》第2条第2款规定："中华人民共和国境内的各类企业的职工和个体工商户的雇工,均有依照本条例的规定享受工伤保险待遇的权利。"第62条规定,用人单位依照本条例规定应当参加工伤保险而未参加的,未参加工伤保险期间用人单位职工发生工伤的,由该用人单位按照本条例规定的工伤保险待遇项目和标准支付费用。据此,劳动者在发生工伤事故后获得工伤保险待遇,是国家法律强制规定的社会保障机构或用人单位的法定义务,是劳动者依法所应享有的权利。如果用人单位违背法律法规,未缴纳工伤保险费,则由其单独承担工伤赔偿费用。

关于社会保险费缴纳纠纷是否属于劳动争议,2010年9月颁布的《最高人民法院关于审理劳动争议案件适用法律若干问题的解释(三)》中有明确界定。该解释第1条规定:"劳动者以用人单位未为其办理社会保险手续,且社会保险经办机构不能补办导致其无法享受社会保险待遇为由,要求用人单位赔偿损失而发生争议的,人民法院应予受理。"而对用人单位欠缴社会保险费或者因缴费年限、缴费额等发生争议的,该解释未规定由法院受理。因社会保险经办机构对用人单位欠缴费用负有征缴的义务,如果劳动者、用人单位与社会保险经办机构就欠费发生争议,是征收与缴纳之间的纠纷,属于行政管理的范畴,带有社会管理性质,不是单一的劳动者与用人单位之间的社保争议。因此,此类争议不宜纳入法院审判的范围。劳动者对用人单位欠缴社会保险费或者因缴费年限、缴费数额等发生争议的,应向相关部门申请解决。本案是由于用人单位未及时缴纳社会保险费造成劳动者损失从而引发的争议,属于法院劳动争议案件的受案范围。

用人单位不依法缴纳社会保险费，主要的法律风险如下：其一，劳动者可以依据《劳动合同法》第38条第1款随时解除劳动合同并要求经济补偿；其二，因用人单位过错而导致劳动者无法享受社会保险待遇的，劳动者可以要求用人单位赔偿损失；其三，劳动者有权要求用人单位补缴社会保险费；其四，劳动保障行政部门或者社会保险费征缴机构可对用人单位进行处罚。为避免上述法律风险，用人单位应当重视社会保险费缴纳工作，依法为劳动者缴纳社会保险费。实践中，有部分用人单位与劳动者达成不缴纳社会保险费的协议或者劳动者申明"自愿不参加社会保险"，用人单位错误地认为这样就可以不用缴纳社会保险费。事实上，这样的协议是违反法律规定的，是无效的，如果以此不为劳动者办理社会保险手续，将会给用人单位埋下很大的隐患。

第九章

外国人就业劳动纠纷法律风险防范及典型案例分析

第一节 外国人就业劳动纠纷概述

随着中国经济的发展,在中国就业的外国人越来越多,也出现了很多用人单位与就业的外国人之间的劳动争议。根据目前关于外国人在中国就业的法规——《外国人在中国就业管理规定》,中国对于外国人就业管理沿用了行政许可制度。基本操作流程涉及聘用单位、外国人本人和授权委托部门。第一,用人单位聘用外国人须为该外国人申请就业许可,经获准并取得《中华人民共和国外国人就业许可证书》后方可聘用。第二,用人单位聘用外国人从事的岗位应该是有特殊需要,国内暂缺适当人选,且不违反国家有关规定的岗位。用人单位不得聘用外国人从事营业性文艺演出,但符合《外国人在中国就业管理规定》第 9 条第 3 项规定的人员(经文化

第九章
外国人就业劳动纠纷法律风险防范及典型案例分析

部批准持《临时营业演出许可证》进行营业性文艺演出的外国人）除外。第三，在中国就业的外国人应当具备下列条件：（1）年满18周岁，身体健康；（2）具有从事其工作所必需的专业技能和相应的工作经历；（3）无犯罪记录；（4）有确定的聘用单位；（5）持有有效护照或能代替护照的其他国际旅行证件。第四，用人单位聘用外国人，须填写《聘用外国人就业申请表》，向其与劳动行政主管部门同级的行业主管部门提出申请，并提供下列有效文件：（1）拟聘用外国人履历证明；（2）聘用意向书；（3）拟聘用外国人原因的报告；（4）拟聘用的外国人从事该项工作的资格证明；（5）拟聘用的外国人健康状况证明；（6）法律法规规定的其他文件。经行业主管部门批准后，用人单位应持申请表到本单位所在地区的省、自治区、直辖市劳动行政部门或其授权的地市级劳动行政部门办理核准手续。但是，对于中央级用人单位、无行业主管部门的用人单位聘用外国人，可直接到劳动行政部门发证机关提出申请和办理就业许可手续。外商投资企业聘雇外国人，无须行业主管部门审批，可凭合同、章程、批准证书、营业执照和上述文件直接到劳动行政部门发证机关申领许可证书。第五，用人单位与被聘用的外国人应依法订立劳动合同。劳动合同的期限最长不得超过5年。除非经过审批续订，该劳动合同期限届满即行终止。第六，用人单位应在被聘用的外国人入境后15日内，持许可证书、与被聘用的外国人签订的劳动合同及其有效护照或能代替护照的证件到原发证机关为外国人办理就业证，并填写《外国人就业登记表》。需要注意的是，就业证只在发证机关规定的区域内有效。

当然，在外国人在中国就业过程中，用人单位还需要依照《在中国境内就业的外国人参加社会保险暂行办法》的规定履行义务，即无论是对于境内企业招用的外国人，还是对于与境外雇主订立雇用合同后，被派遣到在中国境内企业工作的外国人，用人单位都应当自为外国人办理就业证件之日起 30 日内为其办理社会保险登记。外国人应当依法参加职工基本养老保险、职工基本医疗保险、工伤保险、失业保险和生育保险，由在中国境内的工作单位和本人按照规定缴纳社会保险费，享受社会保险待遇。其中，具有与中国签订社会保险双边或者多边协议国家国籍的人员在中国境内就业的，其参加社会保险的办法按照协议规定办理。①

在依法就业的外国人的法律适用问题上，最低工资、工作时间、休息休假、社会保险等底线性标准应统一适用中国劳动法，其他方面当事人可以遵循意思自治原则，即按照"有约定从约定"的精神予以处理，如果没有约定，可以参照中国劳动法予以执行。②

外国人在中国就业，不但需要用人单位聘用，还需办理外国人在华的就业证和居留证。如此劳资双方才能构成法律意义上的劳动关系，否则双方仅属于劳务雇佣关系。《最高人民法院关于审理劳动争议案件适用法律若干问题的解释（四）》第 14 条第 1 款规定："外国人、无国籍人未依法取得就业证件即与中国境内的用人单位签订劳动合同，以及香港特别行政区、澳门特别行政区和台湾地区

---

① 参见朱国丰：《聘用"洋员工"如何做到合法合规》，载《中国劳动保障报》2011 年 10 月 18 日第 5 版。

② 参见董保华主编：《中国劳动法案例精读》，商务印书馆 2016 年版，第 153 页。

居民未依法取得就业证件即与内地用人单位签订劳动合同,当事人请求确认与用人单位存在劳动关系的,人民法院不予支持。"①从司法实践看,用人单位与在中国就业的外国人发生纠纷,如被认定为劳务雇佣关系,则不能享受《劳动合同法》规定的经济补偿诸如代通知金、经济补偿金等。用人单位与外国人就业的纠纷很多都是与此有关。

第二节 外国人就业劳动纠纷法律风险防范要点及典型案例分析

 典型案例1:Radovan与上海某网球俱乐部公司劳动纠纷案

审理法院:北京市顺义区人民法院

案号:(2017)京0113民初2975号

【裁判要义】

用人单位聘用外籍劳动者工作受工作许可范围的严格限制。

【案情概要】

上海某网球俱乐部公司通过电子邮件方式向Radovan发出工作邀请并发送劳动合同,自2015年4月1日起双方建立了劳动关系,

---

① 2018年7月28日,国务院宣布关于取消一批行政许可等事项的决定,其中包括取消港澳台人员在内地(大陆)就业许可。

Radovan 受上海某网球俱乐部公司的指派在北京某国际学校担任网球教练，试用期两个月，试用期工资每月 1 万元，试用期后工资每月 1.2 万元，上海某网球俱乐部公司为其提供住所。对此，Radovan 提交了电子邮件截屏及附件。电子邮件往来日期分别为 2014 年 12 月 16 日、2014 年 12 月 22 日，邮件双方为 Radovan 与赵某，邮件的大致内容为赵某向 Radovan 发出工作邀请，Radovan 接受了邀请并签署了劳动合同；邮件的附件内容为 Radovan 的职位描述和劳动合同，内容显示本合同由 Radovan 与某体育文化发展有限责任公司签订，根据本合同 Radovan 在北京某国际学校担任高级网球专业人员一职，劳动合同初始期限为自 2015 年 3 月 1 日开始两年。该附件落款之前有"Yours sincerely, Adams Zhao Ruifeng Managing Director，某体育文化发展有限责任公司"，落款处有 Radovan 的签字及签署日期 2014 年 12 月 21 日。上海某网球俱乐部公司与某体育文化发展有限责任公司均认可邮件及邀请信的真实性。某体育文化发展有限责任公司称赵某是上海某商务咨询有限公司的总经理，上海某商务咨询有限公司与其是关联公司。劳动合同约定本合同由 Radovan 与某体育文化发展有限责任公司签订，意思就是 Radovan 在该公司工作，工作地点是北京某国际学校。Radovan 与上海某网球俱乐部公司、某体育文化发展有限责任公司均认可 Radovan 的实际工作地点一直在北京某国际学校，工作岗位为网球教练。

2015 年 7 月 1 日，Radovan 取得《中华人民共和国外国人就业许可证书》，该证书显示："经审核，现批准塞尔维亚 Radovan 先生，在中华人民共和国上海市，上海某网球俱乐部有限公司单位，从事网球教练工作。"2015年10月12日，Radovan取得以工作为居留事由的《中华人民共和国外国人居留许可》，该证件的有效期后被延至2017年9月29日。2015年12月28日，Radovan取得《外国人就业证》，该证载明其工作单位为上海某网球俱乐部公司，职业为网球教练，该证的有效期后被延长至2017年9月29日。

Radovan办理《中华人民共和国外国人就业许可证书》《中华人民共和国外国人居留许可》以及《外国人就业证》需要的邀请信、劳动合同等材料均是由上海某网球俱乐部公司提供。Radovan在取得上述证件之前，已经在某体育文化发展有限责任公司的合作单位北京某国际学校工作，工资由某体育文化发展有限责任公司发放。

【争议焦点】

Radovan是否可以要求上海某网球俱乐部公司支付违法解除劳动关系赔偿金。

【法院判决】

外国人在中国就业须办理相关就业许可手续。《外国人在中国就业管理规定》第16条第2款规定："就业证只在发证机关规定的区域内有效。"第24条规定："外国人在中国就业的用人单位必须与其就业证所注明的单位相一致。外国人在发证机关规定的区域内变更用人单位但仍从事原职业的，须经原发证机关批准，并办理就业证变更手续。外国人离开发证机关规定的区域就业或在原规定的区域内变更用人单位且从事不同职业的，须重新办理就业许可手续。"

本案中，Radovan 被许可就业的区域在上海市，就业单位为上海某网球俱乐部公司，但 Radovan 的实际工作地点在北京市，其实际就业的单位也非上海某网球俱乐部公司，已经超出了就业许可证所载明的工作区域许可范围，属于非法就业。因此，对 Radovan 要求确认其与上海某网球俱乐部公司存在劳动关系的请求，本院不予支持。对于 Radovan 以双方存在劳动关系为基础要求上海某网球俱乐部公司支付工资、违法解除劳动关系赔偿金、未签订劳动合同双倍工资差额、住房补贴的请求，缺乏法律依据，本院亦不予支持。

【法律风险防范要点】

聘用外籍员工时，用人单位需注意，外籍员工在中国就业的用人单位必须与外籍员工就业证所注明的用人单位相一致，如果外籍员工就职于本单位但是就业证未办理变更手续的，需要及时办理，否则该外籍员工会被认为是非法就业，用人单位也存在非法用工的处罚风险。

典型案例2：冷某与某科技公司上海分公司经济补偿金纠纷案

审理法院：上海市第二中级人民法院

案号：（2015）沪二中民三（民）终字第1384号

【裁判要义】

用人单位未及时办理就业许可证导致劳动合同部分无效，劳动者有权基于该事实行使单方解除权并诉求经济补偿金。

第九章
外国人就业劳动纠纷法律风险防范及典型案例分析

【案情概要】

冷某于 2008 年 1 月 13 日入职美国某软件公司,双方签订无固定期限劳动合同,冷某担任美国某软件公司北京代表处首席代表。2010 年美国某软件公司被某科技公司全球收购。2011 年 2 月 22 日,某科技公司上海分公司为冷某办理了《外国人就业证》,后经延长有效期至 2014 年 2 月 21 日。2011 年 11 月 1 日,冷某、某科技公司上海分公司签订无固定期限劳动合同,冷某担任软件 BTO 销售。2013 年 6 月 24 日,某科技公司上海分公司向冷某发出解除劳动合同通知书及离职结算单,解除了与冷某的劳动合同。2013 年 7 月 29 日,冷某向上海市黄浦区劳动人事争议仲裁委员会申请仲裁,要求与某科技公司上海分公司恢复劳动关系,某科技公司上海分公司应向其支付工资、外籍员工福利、奖金等。经审理,该仲裁委员会裁决双方恢复劳动关系,并部分支持了冷某的其他请求。双方均不服,起诉至法院。2014 年 1 月 14 日,冷某向某科技公司上海分公司发送快递,要求某科技公司上海分公司为冷某办理就业证延期手续。2014 年 12 月 17 日,冷某向某科技公司上海分公司发送解除劳动合同通知书,该通知书载明:"由于贵公司拒绝给本人冷某办理就业证延期(本人曾多次催告公司办理),致使我们双方签订的劳动合同于 2014 年 2 月 21 日之后的部分无效(法律依据是《劳动合同法》第 26 条第 1 款第 3 项),故本人现依据《劳动合同法》第 38 条第 5 项之规定,解除与公司的劳动合同。又根据《劳动合同法》第 46 条的规定,公司应当向本人支付经济补偿金。"

【争议焦点】

未办理就业证而导致劳动合同无效的过错在哪一方。

【法院判决】

本案中,根据《外国人在中国就业管理规定》的规定,用人单位聘用外国人须为该外国人申请就业许可,获准并取得就业许可证后方可聘雇;外国人入境后取得就业证和外国人居留证的,才可在中国境内就业。冷某系澳大利亚国籍的自然人,他要在中国就业,必须取得外国人就业行政许可。现生效法律文书判决双方恢复劳动合同关系至2014年2月21日止,理由为"冷某的《外国人就业证》于2014年2月21日到期,某科技公司上海分公司未再为冷某延长该证的有效期",该认定并不表示双方对劳动合同的期限约定至2014年2月21日。关于劳动合同2014年2月21日之后的部分,由于冷某未取得就业行政许可,其外国劳动者的身份、能力、资格等未经劳动行政部门的确认与批准,故2014年2月21日之后的部分存在违反《劳动合同法》第26条第1款第3项规定的"违反法律、行政法规强制性规定"的情形。由此,冷某主张劳动合同2014年2月21日之后的部分无效,于法有据,本院予以采纳。

现冷某依据《劳动合同法》第38条的规定,解除与某科技公司上海分公司的劳动合同并主张经济补偿金,该请求能否获得支持取决于因未办理就业证而导致劳动合同无效的过错在哪一方。依照《外国人在中国就业管理规定》的有关内容,为外国人办理就业证等相关证件是用人单位的法定义务。然而,在原审法院2015年6

月 26 日的庭审笔录中，某科技公司上海分公司言明："根据二审判决 2014 年 2 月 21 日之后就无义务办理就业证。即使正常工作到 2014 年 2 月 21 日我们也不一定续签。"因此，尽管就业证到期时双方正处于劳动合同解除合法与否的诉讼中，但是在生效法律文书确认某科技公司上海分公司构成违法解除并判令恢复劳动合同关系的情况下，某科技公司上海分公司此时是否已免除了申办就业证的义务，其并未举证证明。鉴此，某科技公司上海分公司作为用人单位未履行为冷某申办就业证等相关证件的义务，从而对导致劳动合同 2014 年 2 月 21 日之后的部分无效存在过错。

某科技公司上海分公司以《外国人在中国就业管理规定》仅允许订立的劳动合同期限最长不得超过五年为由，声称双方签订的无固定期限劳动合同的有关条款是无效的，超出就业许可中载明的期限对双方不具有法律约束力。正如前述，冷某是外国人，属于特殊的就业主体，在中国对其实行就业许可这一特殊法律制度予以规制。因此，无固定期限劳动合同能否履行，应当根据就业许可的有关情况而定。某科技公司上海分公司是用人单位，其有义务为外国劳动者申请办理就业证等相关证件，但能否得到确认或批准则是劳动行政部门的职权范围。自双方发生劳动争议后，某科技公司上海分公司未履行申办义务的事实，不但使劳动行政部门对本案系争劳动合同能否履行无法予以审核，更直接造成劳动合同 2014 年 2 月 21 日之后的部分无效。因此，某科技公司上海分公司有关涉外劳动合同不能签订无固定期限劳动合同的理由，并不能免除其未履行申办义务而致劳动合同 2014 年 2 月 21 日之后的部分无效的责任。

【法律风险防范要点】

《出境入境管理法》第 43 条规定："外国人有下列行为之一的，属于非法就业：（一）未按照规定取得工作许可和工作类居留证件在中国境内工作的；（二）超出工作许可限定范围在中国境内工作的；（三）外国留学生违反勤工助学管理规定，超出规定的岗位范围或者时限在中国境内工作的。"《外国人在中国就业管理规定》第 15 条第 2 款规定："就业证只在发证机关规定的区域内有效"；第 23 条规定："外国人在中国就业的用人单位必须与其就业证所注明的单位相一致。外国人在发证机关规定的区域内变更用人单位但仍从事原职业的，须经原发证机关批准，并办理就业证变更手续。外国人离开发证机关规定的区域就业或在原规定的区域内变更用人单位且从事不同职业的，须重新办理就业许可手续。"从上述规定来看，外国人就业证仅在获得许可的就业区域、就业单位以及职业范围内有效，此三项内容实际发生变化而未依法重新办理就业证或者变更就业证的外国人，属于超出工作许可范围工作，应当被认定为非法就业。

因此，用人单位在招用外籍劳动者时，应严格按照就业许可范围的规定安排外籍劳动者工作，也应该按照规定办理有关手续。如果擅自招聘外国人在中国就业的，属于非法用工，而且可能导致行政法上的处罚及承担相应的责任。外籍劳动者在中国就业的，也必须了解及遵守中国法律。

附录　课题组成员信息

1. 课题组负责人

王　彬

上海交通大学凯原法学院副教授

法学博士，上海市锦天城律师事务所兼职律师，美国加州大学伯克利分校法学院访问学者，曾赴美国纽约大学法学院、美国西北大学法学院访问交流。

2. 课题组其他成员

赖　军

众和人力创始人

日本国立熊本大学毕业，拥有15年在人力资源行业的管理和投资经验。曾担任日本知名人力资源株式会社LinkStaff中国事业部部长，2010年上海世博会日本三个场馆的中方雇员负责人，上海外服武汉公司、无锡公司、外服云信息技术公司三家公司总经理。深刻理解国内人力资源行业的特点以及与国外同行的差异与距离。

周　燕

众和人力产品规划及客户服务总监

上海外国语大学毕业，拥有14年招聘和人力资源外包相关工作经验。先后担任上海外服人才中介高级咨询顾问、人力资源外包高级客户经理职务。熟悉招聘流程，熟悉人事相关法律法规，具有丰富的客户服务经验。

丁　吉

众和人力IT及运营总监

浙江理工大学毕业，拥有12年IT经验。曾创立上海大学生兼职网，获同济大学孵化器投资。后就职于三星电子、软通动力、东软集团以及上海电信，从事技术研发与IT管理工作。对于人力资源系统设计有丰富的经验。

朱申翔

众和人力品牌规划及市场营销总监

复旦大学毕业，拥有12年人力资源行业市场营销经验，曾就职于ADP、CDP和上海外服等人力资源公司。具有丰富的行业品牌规划和市场营销实战经验。

许　骅

众和人力业务总监

上海大学毕业，人力资源管理师二级，拥有10年以上人力资源服务行业领先企业上海外服工作经验，作为4人团队的负责人，具备丰富的大客户服务经验。工作认真负责，秉持"客户为先"的服务理念。

伊　尹

众和人力高级咨询顾问

拥有20年以上人力资源管理经验，曾担任某进修学院人事培训部主任、职业介绍所所长、合资企业人事经理。擅长企业人事行政管理系统的设计、建立、操作、检查、控制、执行，熟悉劳动类相关法律法规，对企业裁员有丰富的理论知识和实操经验。

张文瑶

上海市锦天城律师事务所律师

2014年毕业于浙江大学法学院，获法学学士学位；2016年毕业于英国华威大学国际经济法专业，获法律硕士学位。

李怡蒨

上海市锦天城律师事务所律师

2015年毕业于中国人民公安大学，获法学学士学位；2018年毕业于华东政法大学，获法学硕士学位。

王亦然

2013年毕业于上海海事大学法学院，获法学学士学位；2016年毕业于美国乔治·华盛顿大学法学院，获法学博士（J.D.）学位；原上海市锦天城律师事务所律师助理。

后 记

本书的写作可追溯至 2017 年 4 月。2017 年 4 月 16 日至 23 日，我有幸参加了由中共上海市委组织部、市委统战部支持，上海市欧美同学会主办的第九期上海市归国留学人员理论研究班。在理论研究班上，我做了有关企业劳动法律问题的分享并有幸结识了上海乐叶人力资源有限公司的创始人和首席执行官（创立了"众和人力"品牌）赖军学长。

2018 年年初，我们开始讨论就劳动法律问题合作进行一些课题研究。我们都认为，随着中国法制的健全，特别是《劳动合同法》及配套法律法规的公布实施，以及劳动者维权意识的不断增强，企业越来越多地面临增强劳动者保护力度、提高劳动者待遇的压力，不得不更加重视劳动用工的合规性问题。外商投资企业由于文化等背景的不同，其面临的挑战往往更大。外商投资企业如何看待劳动争议及如何解决劳动争议？涉及外商投资企业的劳动争议与内资企业有什么不同？外商投资企业该如何防范劳动法律风险？对此我们不约而同地想到利用大数据对涉及外商投资企业的劳动案件进行实证调查。于是，我们决定编写《上海外企劳动争议解决及法律风险防范蓝皮书》，旨在帮助上海的外商投资企业更好地应对各类劳动争议。

为此，我们组建了由众和人力管理人员、上海交通大学凯原法学院在读研究生、上海市锦天城律师事务所律师组成的课题组。课题组通过搜索案例，整理数据，比对企业性质，梳理案例，形成了蓝皮书，并于2018年6月22日在上海交通大学凯原法学院成功举行了上述蓝皮书的发布会。

本书是在上述蓝皮书的基础上整理修订而成的。在本书付梓之际，我首先要感谢众和人力的大力支持。作为一家新兴的人力资源公司，众和人力致力于运用全球视野结合本土智慧，满足企业招聘、人事外包、岗位职能外包及相关灵活用工、合规裁员咨询和再就业培训上岗、员工综合福利等企业各类需求。本着"以人为本，众享未来"的服务理念，众和人力携手国内百家知名同行人力资源团队，致力于向客户提供全国400多个城市的一站式专业优质的人力资源服务。目前，众和人力服务能力遍及上海、北京、天津、广州、深圳、武汉、南京、杭州、宁波、苏州、无锡、昆山、沈阳、大连、青岛、厦门、成都、西安等全国31个省市，覆盖所有省会城市、直辖市，以及近400个地县级城市。公司创始人赖军先生拥有近15年在人力资源行业的管理和投资经验，深刻理解国内人力资源行业的特点以及与国外同行的差异与距离。正是由于众和人力以及创始人赖军先生的慷慨资助以及通力合作，课题才得以顺利完成，本书才得以顺利出版。

感谢课题组其他成员的辛苦工作！他们是：众和人力产品规划及客户服务总监周燕、众和人力IT及运营总监丁吉、众和人力品牌规划及市场营销总监朱申翔、众和人力业务总监许骅、众和人力高级咨询顾问伊尹，上海市锦天城律师事务所张文瑶律师、李怡蒨律师、王亦然律师助理，以及上海政法学院在读研究生党颖。感谢上海市锦天城律师事务所许淡人律师对书稿的精心校对。

  同时，我还要感谢上海交通大学凯原法学院党委书记汪后继先生在百忙之中出席上述蓝皮书的发布会并致辞，感谢出席发布会的人力资源合规控制专家周凯刚先生、人力资源管理咨询专家张静女士。

  感谢本书编辑朱梅全先生，正是由于他的辛苦工作，本书才得以出版。

  最后还要感谢我的家人。我的母亲郑素玲女士多年来一直远离家乡，来到陌生的城市，默默承担繁重的家务，使得我有时间做一些自己想做的事情。我的夫人王清华女士每天忙忙碌碌，辛苦地承担起家庭的重担并且容忍我读一些看来无用的书、做一些看来不那么合时宜的研究。我一直想完成一本书，在扉页上写上"献给我挚爱的妻子"，这是我一直努力的目标和梦想。我还要感谢勇敢、懂事的女儿王琰。女儿在小小的年纪远赴海外，开始了辛苦求学之路。我在她这样的年纪，也曾想过远离家乡，寻找自己的梦想，但多年之后在澳大利亚阳光灿烂的布里斯班，我体会到的却是无边的寂寞和思乡之苦。衷心祝愿女儿在西雅图漫长的雨季里一直阳光灿烂，这也是我前行的动力和追求的梦想。

王　彬

2018 年 12 月